Hermann Benjes

Die Vernetzung von Lebensräumen mit Benjeshecken

Hermann Benjes

Die Vernetzung von Lebensräumen mit

Benjeshecken

Natur & Umwelt Verlag

Impressum

Produktion und Gestaltung: Claudia Gunkel, Karina Waedt; Lektorat: Bettina Heyden
Zeichnungen: Barbara Bitsch; Fotos: Hermann Benjes, Peter Gerdehag (S. 19),
Raimund Francke (S. 53), Hans Wotin (S.134), Dirk Metzger (Umschlag Rückseite)
Druck und Bindung: Brühl-Druck, Giessen
Gedruckt auf 100% Recyclingpapier

ISBN 3-924749-15-9
5. überarbeitete Auflage, 1998

Inhalt

Statt einer Widmung

Es kommt immer anders
als man denkt
doch manchmal
auch besser
als erhofft.

Edvin Svensjö

Vorwort

Ackerbau und Viehzucht sind nur in einer Landschaft möglich, die vorher dem Walde abgerungen wurde. Ließe der Bauer seinen Acker einfach liegen, würde sich der Wald die Brachfläche zurückerobern; ohne menschliches Zutun, ganz von allein. Fast jeder Ackerboden ist somit auch ein Waldboden; entweder er war es – vor vielen hundert Jahren, oder er würde es wieder sein – in 20, 30 oder 40 Jahren. Mit seiner Bodenbearbeitung verhindert der Bauer – und ihm sei dafür gedankt – die totale Verwaldung der Landschaft. Was geschieht eigentlich, wenn diese Bodenbearbeitung absichtlich, also ganz bewußt unterbleibt? Zunächst haben die Wildkräuter und Gräser ein leichtes Spiel. Sie werden die Fläche fast schlagartig flächendeckend und farbenfroh besiedeln – gefolgt von Hochstauden, die nach einigen Jahren von Sträuchern und schließlich von Bäumen verdrängt werden. Diese natürliche Sukzession findet unter bestimmten Voraussetzungen auch auf schmalen Geländestreifen statt (Hecken!) und kann – wenn man es möchte – auf jeder beliebigen Entwicklungsstufe »angehalten« werden.

So ganz ohne den Menschen geht es also nicht; das ist ja das Schöne. Seine schützende Hand, sein Erfahrungsschatz, das behutsame Lenken und Eingreifen lassen Naturschutzparadiese entstehen; immer vorausgesetzt, daß wir es wollen (und auch können!). Da wir aber immer nur das tun, was wir wollen und nicht darüber entscheiden können, ob wir es wollen, befrachte ich diese fünfte Auflage mit der abenteuerlichen Hoffnung, auch die Unschlüssigen mit dem Appetit auf den machbaren Naturschutz ausrüsten zu können. Der Appetit kommt bekanntlich beim Essen oder – beim Lesen!

Die schönste Nebenwirkung des Lesens, das Wünschen, braucht dann nur noch auf die Stufe des Wollens gehoben zu werden, um über das zupackende Tun am Ende dieser wunderbaren Sukzession eine vorher nicht vorhandene Hecke erleben zu können. Ist es wirklich so einfach? In den letzten zehn Jahren haben wir nicht nur Erfolge verbuchen können, sondern auch Rückschläge hinnehmen müssen: Allzuviele Naturschutzvorhaben sind am Geldmangel gescheitert. Dieser »wirksame Mangel« ist die Hauptursache für den Stillstand in der Flurbelebung: Überall stehen ausgereifte Projekte und förderungswürdige Vorschläge chronisch leeren Kassen gegenüber. Bei der Suche nach einer Lösung bin ich jetzt endlich fündig geworden. Freunde machten mich auf einen Webfehler im heutigen Geldsystem aufmerksam, den ich selbst weder bemerkt noch für möglich gehalten hätte: Naturzerstörung und Geldmangel sind ganz normale und »natürliche« Begleiterscheinungen einer »sozialen« Marktwirtschaft, die immer tiefer im Sumpf der brutalen Zinswirtschaft versinkt und durch Massenarbeitslosigkeit, Sozialabbau und Wachstumszwang zum Flaschenhals des Naturschutzes geworden ist. Tiefe und mich bis auf die Knochen erschütternde Einsichten in die Vermeidbarkeit derartiger Auswirkungen eines fehlerhaften Geldsystems stellen meine alte Forderung nach einer bundesweiten Biotopvernetzung in ein völlig neues Licht! Das Machbare und das Notwendige in absehbarer Zeit auch finanzieren zu können, schafft nicht nur Zigtausend begehrte Dauerarbeitsplätze, sondern wird hoffentlich und voraussichtlich auch das Ende der Bescheidenheit im Naturschutz einläuten. Mit der 5. Auflage diese Weichenstellung vornehmen zu können, erfüllt mich mit Spannung und Vorfreude auf die handgreiflichen Reaktionen meiner Leserinnen und Leser. Diese haben schon jetzt mit über Tausend Kilometern Benjeshecken die Erwartungen der Abwarter, Nörgler und Besserwisser weit übertroffen. Möge dieser Erfolg nicht das Ende der Fahnenstange gewesen sein, sondern erst der Anfang einer Wiedergutmachung an Mensch und Natur.

Bickenbach, im November 1997

Hermann Benjes

Der krumme Weg

Sachzwänge sind in derLage,
selbst steinharte Wege
wie Wachs zu verbiegen.
Auf Biegen und Brechen
verbeugen sich aber auch
die Menschen unserer Tage
vor diesen Geßlerhüten.
Darum sieht man hier und da
gestandene Männer
vor sogenannten Sachzwängen
einen tiefen Diener
und ehrbare Frauen sogar
einen Knicks machen.

Weil ein Stein im Wege lag, mußte der Feldweg im Bogen um ihn herumgeführt werden. Die Biegung ist heute noch zu sehen, aber der Stein ist weg. Er wurde vor über hundert Jahren unter großen Mühen weggeschafft und beim Bau einer Scheune verwendet. An seiner Stelle steht heute eine knorrige Stieleiche, die mein Großonkel gepflanzt haben soll, um der Wegkrümmung wieder einen Sinn zu geben. Es wurde allerdings auch behauptet, er habe den Baum gepflanzt, um sich die mühsame Wegbegradigung ersparen zu können. Wie auch immer, im Jahre 1962 wäre es dieser Wegbiegung fast an den Kragen gegangen. Damals wurden die Feldwege der Gemarkung Drakenhausen mit Lineal und Bleistift in einen glatten Strich verwandelt. Nur die natürliche Krümmung der Erdoberfläche hat seinerzeit das Schlimmste, den himmelaufwärts führenden Feldweg verhindert.

Der krumme Weg hatte die Flurbereinigung zunächst ganz gut überstanden, da die Eiche versehentlich als Naturdenkmal eingestuft worden war. Als der Irrtum bemerkt wurde, schob mein Onkel die Behauptung nach, nicht der Baum als solcher, sondern die Biegung des Weges an sich wäre das eigentlich zu schützende Landschaftselement. Die Sache stand nicht gut für ihn, aber dann kam ihm unverhofft ein Herzinfarkt zu Hilfe, der dem zuständigen Flurbegradiger das Lineal aus der Hand nahm. Sein Nachfolger hatte sich zunächst mit wichtigeren Dingen zu beschäftigen; die Gründlichkeit seiner Vorgehensweise brachte dann aber doch zu Tage, daß die Behörde von einem Bauern getäuscht worden war.

Da keine Dienstvorschrift dagegen sprach, machte sich der Beamte eines Tages auf den Weg, um die amtliche Tilgung dieser unglaublichen Ausbuchtung in die Wege zu leiten. Bei sonnigem Wetter erreichte er nach einer guten Stunde das Dorf Drakenhausen und fand seine schlimmsten Vermutungen bestätigt: Mitten im Weg stand tatsächlich ein Baum – weiter nichts. Genauso gut hätte man eine Ziege auf den Weg stellen können oder einen Misthaufen, fand der Beamte. Hier war ganz offensichtlich bestes Ackerland einer Laune geopfert worden; möglicherweise sogar im Suff. Besonders schwerwiegend fand der Flurbereiniger, daß die den Weg begleitende Hecke an dieser Stelle sage und schreibe zehn bis zwölf Meter breit geworden war, was ebenfalls niemanden zu stören schien. Einige Wochen später wurde mein Onkel davon in Kenntnis gesetzt, daß im Rahmen einer notwendigen Wegbegradigung sechzig Meter Hecke und ein Baum zu beseitigen seien.

In diesem neu entfachten Papierkrieg wurde mein Onkel tatkräftig und sachkundig von seinem langjährigen Feriengast Otto D. unterstützt, vor allem in Form von Leserbriefen, die in der Dorfkneipe schallendes Gelächter auslösten.

Die Hecke wurde jedenfalls nicht gerodet und die alles überragende Eiche steht noch heute da, größer und schöner als je zuvor. Der Flurbereiniger hatte klein beigeben müssen, obwohl ein von ihm vorhergesagter Unfall bedauerlicherweise eintrat und nochmal tüchtig Wasser auf die Mühlen der Behörde fließen ließ: Ein termingeplagter Tierarzt war mit seinem Wagen – durch problemloses Geradeausfahren verwöhnt – am Baume gerade noch vorbei aber eben nicht mehr durch die Kurve gekommen. Die Lokalzeitung erwähnte, daß er dem schrottreifen Wagen unverletzt entstiegen sei, ließ sich aber leider auch zu der Bemerkung hinreißen, die Sorge der Drakenhauser habe nicht etwa dem Tierarzt, sondern dem Baum gegolten. Das konnte allerdings der Bürgermeister von Drakenhausen nicht auf sich und seinen Leuten sitzen lassen. Sein starkbeachteter Gegenschlag wurde sogar im Regionalfunk zitiert und führte letztendlich zur Anerkennung der Unfallstelle als Naturdenkmal.

Mit den Jahren hat sich auch die Hecke verändert. Sie reicht jetzt bis an den Waldrand, geht gewissermaßen nahtlos in den Wald über und verwöhnt das Auge schon von weitem durch eine stufige Silhouette, der man nicht ansehen kann, daß sie von einem pensionierten Lehrer bewußt und behutsam gestaltet wurde. Das Bild dieses Lehrers Otto D., inmitten seiner Schulklasse, die sich der Flurbereinigung buchstäblich in den Weg gestellt oder vielmehr gesetzt hatte, hängt heute im Dienstzimmer des Bürgermeisters von Drakenhausen. Er weiß inzwischen, was die Gemeinde diesem treuen Feriengast zu verdanken hat. Die Zahl der Übernachtungen ist sprunghaft gestiegen, eine Industrieansiedlung wird nicht länger ins Auge gefaßt. Ferien auf dem Bauernhof im »Heckendorf« Drakenhausen sind zu einem Geheimtip für Lebenskünstler, Naturfreunde, Tierfotografen und Forscher geworden. Die Anerkennung zum heilklimatischen Luftkurort unterblieb nur deshalb, weil die geforderte Infrastruktur – sprich Baumaßnahmen – den dörflichen Charakter dieser zauberhaften Heckenlandschaft gesprengt hätte.

Für den Pensionär Otto D. ist das Dorf vom Ferienort zum begehrten Altersruhesitz geworden. Auf den Äckern, Wiesen und Weiden meines Onkels hat er ein weites Betätigungsfeld gefunden. Dort kann er tun und lassen was er will, aber er macht immer nur das eine: Hecken! Hecken, die einen betörenden Duft verströmen und die Vogelschützer vor Staunen sprachlos werden lassen. Hecken, die den Wildschutzzaun überflüssig machen und vom Rehwild trotzdem nicht verbissen werden. Hecken, die den Wind bremsen, als Sonnenfalle für ein angenehmes Klima sorgen und sogar die landwirtschaftlichen Erträge erhöhen.

Auch in den umliegenden Dörfern sprach sich das herum. Als Otto D. von auswärtigen Landwirten eingeladen wurde, um über seine Erfahrungen zu sprechen und das Drakenhauser Modell in einem Lichtbildervortrag zu erläutern, mochten auch die Drakenhauser Bauern nicht länger untätig bleiben. Sie machten ihm das phantastische Angebot, die Vernetzung von Lebensräumen mit Feldhecken auch auf ihre Gemarkungsteile auszudehnen. Das war der Durchbruch, auf den er viele Jahre hatte warten müssen. Wer nun aber glaubt, hier habe sich eine Einzelperson mit einer viel zu großen Aufgabe übernommen, der wußte nichts von Plänen, die schon seit längerer Zeit in seiner Schublade schmorten. Otto D. hielt jetzt die Zeit für gekommen, einen Heckenverein zu gründen, dem die Planung und Pflege, der Ausbau, die Gestaltung und die Vernetzung der Heckenlandschaft übertragen werden konnte. Bei seiner Gründung – selbst der Pfarrer war anwesend – brachte der Bürgermeister in seiner Grußbotschaft die Sache auf den Punkt: »Leute«, sagte er, »es gibt viel zu tun – hecken wir es aus!« Die Satzung des Drakenhauser Heckenvereins sieht vor, daß die Mitglieder sich im Rahmen einer Patenschaft der Pflege und Gestaltung eines ganz bestimmten Heckenzuges oder Heckenabschnitts widmen.

Jede Patenschaft wird durch einen Pflegeplan abgesichert, der dem Alter der Hecke entspricht und sich bei jungen Hecken in den ersten Jahren auf das Einrichten kleiner Sonderbiotope, das Mähen der Wildäsungsflächen und das Wegräumen von Müll beschränken kann. Die anfänglichen Bedenken der Bauern, das Ausufern der Hecken sei doch sicher mit unzumutbaren Pflegearbeiten und auch mit Ertragseinbußen verbunden, haben sich – wie von Otto D. vorausgesagt – nicht bestätigt. Genugtuung, Freude, ja Stolz über das Erreichte und Vorzeigbare hat die Bauern jetzt sogar bewogen, einer Satzungsänderung zuzustimmen, die bei der Vereinsgründung noch an ihrem Widerstand gescheitert war: Beiderseits der Hecken bleibt ein zehn Meter breiter Ackerschonstreifen ungespritzt«.

Der totale Verzicht auf giftige Pflanzenschutzmittel wird mit großer Ernsthaftigkeit diskutiert und von einigen Vereinsmitgliedern für die kommenden Jahre in Aussicht gestellt.
Zwei Höfe haben die Umstellung auf organischen Landbau bereits vollzogen und bilden zusammen mit Wiesen, Weiden und Wäldern eine unaufhaltsam größer werdende Zone ohne Gift.

Otto D. hat diese Vorzugsflächen auf der Flurkarte von Drakenhausen in ein helles Grün getaucht. Dort verbinden sie sich auf vielversprechende Weise mit dem dunkelgrün markierten Netzwerk der Hecken, Flurgehölze und Bachläufe zu einem Muster, das die ökologischen Schwerpunkte dieser Landschaft klar erkennen läßt. Die Hecken von Drakenhausen wachsen weiter; sie haben längst das Bewußtsein der Feriengäste erreicht. Den letzten Urlaubstagen haftet hier nichts Trauriges mehr an; diese Menschen brennen darauf, das Gesehene und Erlebte auf den eigenen Wohnort zu übertragen. Aus Briefen geht hervor, daß sie tatsächlich damit angefangen haben, Lebensräume vor der eigenen Haustür zu schaffen, um sie dann mit Feldhecken zu vernetzen.

Massentierhaltung ist die gesetzlich zulässige Form der Tierquälerei. Im Ökolandbau wird diese Kulturschande durch artgerechte Haltung ersetzt.

Bengalisches Feuer
Ein herrlicher Anblick, wenn die Funken in Kaskaden durch die Abenddämmerung zischen, weil ein Bauer mit seinem Pflug wieder mal an der Betonkante entlangschrappt, um sich auch die letzten Zentimeter des Wegrandes unter den Nagel zu reißen. Aber das kommt doch sicher nur ganz ganz selten vor? Nein!

Wer den Odenwald für eine waldreiche Gegend hält, kennt sie nicht, die windigen Hügel bei Reinheim. Dort haucht er sein Leben aus, in einer baumlosen Kultursteppe.

Schlimmere Beispiele hat nur die Magdeburger Börde zu bieten. Ausgeräumte Fluren so weit das Auge reicht. Eine Mondlandschaft ist immerhin durch Krater aufgelockert. Hier ist alles glatt und auch glatt über die Bühne gegangen.

Die federführenden Flurbereinigungsbehörden haben sich in Darmstadt und Wiesbaden verkrochen und schmücken ihre Dienstzimmer verschämt mit Abbildungen jener Tiere, die der Flurbereinigung zum Opfer gefallen sind: Storch, Schnepfe, Rebhuhn und Dachs – alles vertreten.

Wie schlimm gerade diesem Landstrich mitgespielt wurde, deuten alte Flurnamen heute noch an: Haselhecke, Holderbusch, Zum Wiesengrund, Storchenhof usw.

Die alten Feldwege sind durch schnurgerade, betonierte »Wirtschaftswege« ersetzt worden; so eine Art Tempotrasse bzw. Feldautobahn für gigantische Traktoren der 100 PS-Klasse aufwärts. Wer hier seine Kindheit verbracht hat und nach langer Abwesenheit das Bild dieser Landschaft mit alten Erinnerungen vergleicht, kann nur noch in Trauer versinken oder wahnsinnig werden.

Nicht etwa Terroristen haben diese Agrarlandschaft verwüstet, sondern Flurbereiniger, Bauern und Kommunalpolitiker. Und die ortsansässige Bevölkerung? Die verlegt ihren Urlaub in Länder, die noch etwas zu bieten haben.

Die Landwirte dieser Gegend sehen das nicht so eng. Sie haben den Blick nach vorn gerichtet und können der Presse regelmäßig entnehmen, daß Landwirte eigentlich die größten Umweltschützer sind. Es kommt allerdings immer häufiger vor, daß Kinder sich weigern, den »Betrieb« des Vaters zu übernehmen. Warum wohl? Früher wurde der Hoferbe von seinen Geschwistern beneidet, und das ist noch gar nicht so lange her. Ja, früher da gab es auch noch Schwalben im Kuhstall und keine computergesteuerte Kraftfutterdosierung, die sich erst so richtig bezahlt macht, wenn die Kühe ganzjährig im Stall gehalten werden, anstatt sich im Sommer auf saftigen Weiden zu erholen. Nur so kann man sich erklären, daß die Bauern den Krieg gegen die Natur auch auf der eigenen Scholle bis zum letzten Busch und bis zum letzten Neuntöter mitgemacht haben. Sie sind auch nicht zur Besinnung gekommen, als ihnen klar wurde, daß die Methoden und Produkte der Industrie in die Abhängigkeit der Banken führen und nicht – wie wohl so mancher geglaubt haben mag – an das Ufer der Glückseligkeit.

Sie lassen sich jetzt von ratlosen Verbandsfunktionären in das letzte Gefecht führen, die industrielle Produktion von Pflanzen und Fleisch. Früher wurden Schweine noch aufgezogen und gemästet. Sie hatten eine Schweinekoppel mit Wasserstelle, in der sie artgerecht suhlen konnten. Nachts schliefen die Tiere so zufrieden und

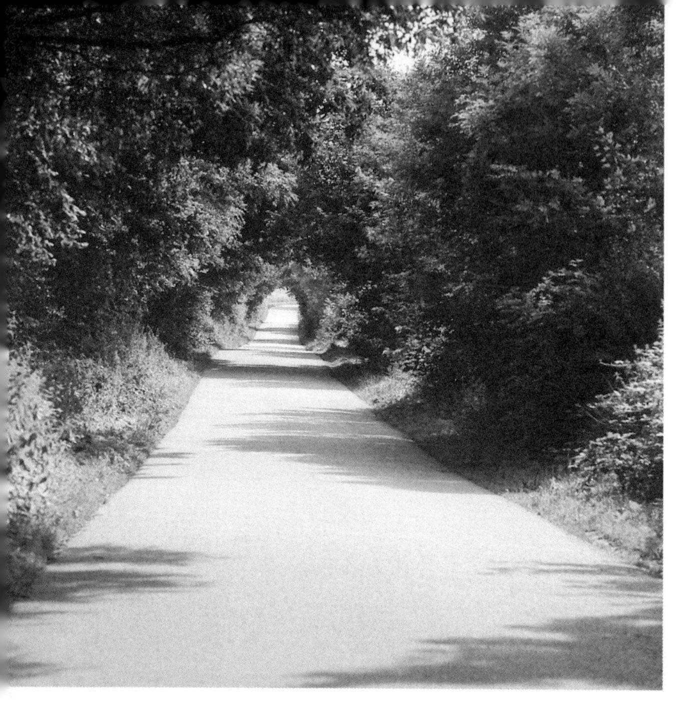

Urlaub auf dem Bauernhof
Wenn nun die Menschen jener Länder, die wir im Urlaub besuchen, auch einmal auf den Gedanken kämen, ihre Ferien hier bei uns zu verbringen, wäre es dann nicht angebracht, die Wege vorher noch schnell in eine Augenweide und die Landschaft in ein Radfahrerparadies zu verwandeln?

entspannt auf Stroh, daß man sich am liebsten danebengelegt hätte. Schweine und besonders kleine Ferkel streicheln zu dürfen, sind schon Erlebnisse, die ein Kind für das Leben prägen können und den Gedanken an Tierquälerei gar nicht erst aufkommen lassen.

Heutzutage werden Schweine fast nur noch »produziert«. Zusammengepfercht müssen sie unter unbeschreiblichen Bedingungen auf ausreichende Bewegungsfreiheit, Auslauf, Sonnenlicht und Stroh verzichten. Man muß die sprachlosen und entsetzten Gesichter von Kindern gesehen haben, die unvorbereitet von abgebrühten Schulkameraden durch so eine Fleischfabrik geführt worden sind. Viele Bauern wissen das auch; ihre Ställe sind aus »seuchenhygienischen Gründen« für die Presse, Umweltschützer und Kinder gesperrt.

Was hier geschieht – und von jedem Fleischesser fleißig unterstützt wird – ist nicht nur Tierquälerei; Massentierhaltung ist eine erbärmliche Kulturschande, die auch nicht damit gerechtfertigt werden kann, daß sie von renommierten Lehrstuhlinhabern ausdrücklich empfohlen wird. Warum sollte ein Bauer, der seine eigenen Tiere »wie ein Stück Vieh« behandelt, über die Ausrottung wildlebender Pflanzen und Tiere beunruhigt sein? Er hat doch ganz andere Sorgen. Fühlt sich im Stich gelassen und muß nur noch herausfinden von wem.

Und wäre nicht der Bauer....
Warum muß denn immer erst ein Krieg ausbrechen, bevor die Menschen sich daran erinnern, daß der Bauer den wichtigsten aller Berufe ausübt? Übrigens: nur der Bauer ist in der Lage, den „Naturschutz auf der ganzenFläche" herbeizuführen! Die Landwirte können dabei auf eine über tausendjährige Tradition zurückblicken. Erst vor fünfzig Jahren ist diese Tradition abgerissen und mit der chemischen Keule in Grund(wasser) und Boden gestampft worden. Was uns heute - trotz dieser Katastrophe - für die Zukunft wieder hoffen läßt, ist der Ökologische Landbau. **Foto: Peter Gerdehag**

Die chemische Industrie hat den unbezahlbaren Erfahrungsschatz der Bauern mit ganz- oder doppelseitigen Anzeigen regelrecht totgeschlagen. Telefonberatung und Hausbesuche komplettieren die Entmündigung und reduzieren den letzten Handlungsspielraum der Bauern auf völlig nebensächliche Entscheidungen wie etwa die Frage, ob man in die runden Behälter der Firma A oder lieber in die eckigen Giftkanister der Firma B investieren sollte.

So weit ist es gekommen, daß sich der Bauer die drängenden Fragen der Umweltschützer und Konsumenten von der Industrie beantworten läßt. Wenn die Herbst- und Winterstürme den wertvollen Humus aus seiner Ackerkrume reißen und sich in gewaltigen Staubwolken über dem Dieburger Land auftürmen, müßten eigentlich die Sirenen heulen, denn wo Pflanzen und Tiere bereits weitgehend verschwunden sind, kann sich eine Bedrohung nur noch gegen den Menschen selbst richten.

Aber ihm – dem Bauern – fehlen sie gar nicht, diese 110 Pflanzenarten, die allein in Hessen ausgerottet wurden. Sie werden ihm auch nicht von seinem Konto abgezogen. Nur abgehakt werden sie – auf einer Roten Liste, für die der Bauer jede Verantwortung weit von sich weist, obwohl inzwischen feststeht, daß die moderne Landwirtschaft auf dem Acker der Artenvernichtung mit überspanntem Bogen die erste Geige spielt.

Was jetzt not tut, also etwas gegen diese Not tut, ist das Eingeständnis aller Bauern, Bürger, Wähler und Konsumenten, den Boden und die Landschaft miserabel behandelt, mißbraucht und geschändet zu haben.

Wenn es das erklärte Staatsziel wäre, unser Land möglichst bald, aber unauffällig und vor allem tolerierbar, also kaum merklich und wirklich nur so ganz allmählich unbewohnbar zu machen, dann lägen wir mit der zur Zeit praktizierten Landwirtschafts- und Industriepolitik genau richtig. Alles was wir tun müßten, um dieses Staatsziel auch wirklich zu erreichen, wäre so weiter zu machen wie bisher. Wenn aber die Zerstörung der Lebensgrundlage Ackerboden und die Vernichtung der Artenvielfalt ein Verbrechen ist – und wer könnte das in Abrede stellen – dann ist das, was wir dem Boden und der Landschaft angetan haben und leider immer noch antun, verbrecherisch! Ist diese Erkenntnis schon belastend genug, wie groß würde erst das Maß unserer Schuld sein, wenn wir es auf die bevorstehende Strafe der Natur ankommen ließen?!

Landwirtschaft & Hecken

Österreich ist von deutschen Amtsstuben unendlich weit entfernt. Darum brennen in Deutschland vielerorts die Wegränder und Hecken, während sie in Österreich vor dem Abfackeln der Getreidefelder durch einen mindestens fünf Meter breiten umgepflügten Streifen sicher geschützt werden.

Die Heckenbegleitflora ist das Ziel unzähliger Insekten, die ganz oben auf dem Speisezettel der Vögel stehen. Wer sich um pflanzliche Vielfalt bemüht, indem er die Saumzone und Buchten der Hecken in Wildkräuterparadiese verwandelt, braucht sich um das Wohl der Tiere keine Sorgen mehr zu machen. Dieser Aufgabe steht zur Zeit aber noch die Tatsache im Weg, daß viele Bauern das Gift bis in die Hecke hineinspritzen und das dann auch noch „Pflanzenschutz" nennen.

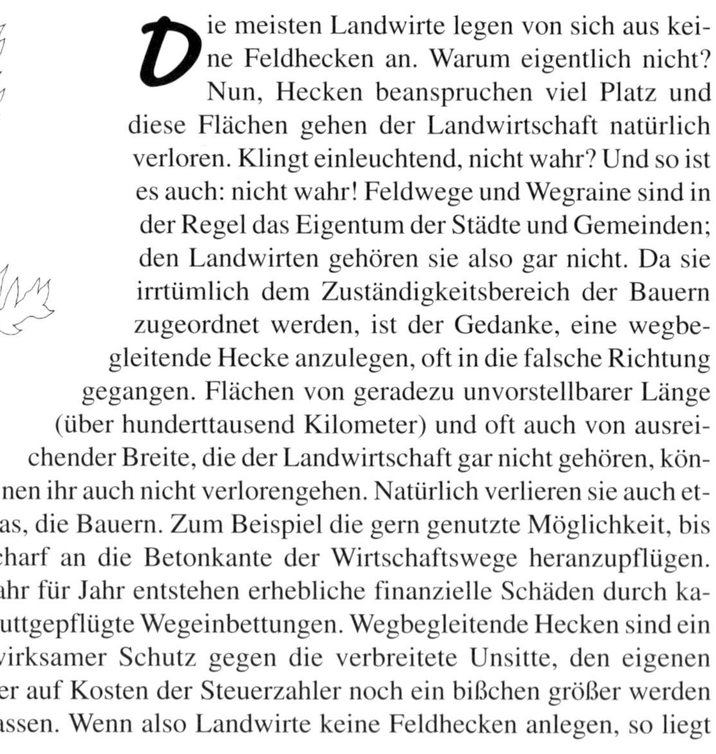

Die meisten Landwirte legen von sich aus keine Feldhecken an. Warum eigentlich nicht? Nun, Hecken beanspruchen viel Platz und diese Flächen gehen der Landwirtschaft natürlich verloren. Klingt einleuchtend, nicht wahr? Und so ist es auch: nicht wahr! Feldwege und Wegraine sind in der Regel das Eigentum der Städte und Gemeinden; den Landwirten gehören sie also gar nicht. Da sie irrtümlich dem Zuständigkeitsbereich der Bauern zugeordnet werden, ist der Gedanke, eine wegbegleitende Hecke anzulegen, oft in die falsche Richtung gegangen. Flächen von geradezu unvorstellbarer Länge (über hunderttausend Kilometer) und oft auch von ausreichender Breite, die der Landwirtschaft gar nicht gehören, können ihr auch nicht verlorengehen. Natürlich verlieren sie auch etwas, die Bauern. Zum Beispiel die gern genutzte Möglichkeit, bis scharf an die Betonkante der Wirtschaftswege heranzupflügen. Jahr für Jahr entstehen erhebliche finanzielle Schäden durch kaputtgepflügte Wegeinbettungen. Wegbegleitende Hecken sind ein wirksamer Schutz gegen die verbreitete Unsitte, den eigenen Acker auf Kosten der Steuerzahler noch ein bißchen größer werden zu lassen. Wenn also Landwirte keine Feldhecken anlegen, so liegt

Kilometerlange Heckenzüge, aber auch das grüne Band der Bäche, können die Grundlage der Heckennetzplanung sein. Spannend und schön wird die Heckenlandschaft aber erst durch verwinkelte Abzweigungen, die vom „Hauptast" ausgehend nach links und rechts in die ausgeräumte Flur strahlen.

es auch daran, daß ihnen die in Anspruch zu nehmenden Geländestreifen größtenteils gar nicht gehören und zunächst mal eine Genehmigung eingeholt werden müßte. Was aber selten geschieht, da man im Grunde recht froh darüber ist, den immer größer werdenden Maschinenpark ohne Rücksicht auf »lästiges Gestrüpp« einsetzen zu können.

Ein halbes Dutzend Nachteile können Landwirte auf Anhieb gegen Hecken vorbringen; manche klingen richtig überzeugend. Hecken haben mit anderen Worten unter Landwirten kein gutes Image.

»Für den Jagdpächter mag das ganz interessant sein, uns bringen sie nichts.« Diese Einstellung lasse ich mir noch gefallen, denn sie deutet den ökologischen Durchblick – zumindest auf das jagdbare Wild bezogen – doch immerhin an. »Uns bringen sie nichts«, offenbart dann allerdings eine fast schon unverzeihliche Wissens- und Erfahrungslücke.

Nicht ganz so einfach ist der Umgang mit Landwirten, die Hecken und Feldraine am liebsten niederbrennen würden (und es gelegentlich auch tun), um die Verbreitung von »Unkraut und Ungeziefer« zu verhindern.

Strenge Naturschutzgesetze haben sich dieses Übels angenommen: Wer die letzten drei Meter einer ehemaligen Feldhecke vernichtet, wird bestraft. Wer aber tausend Meter Hecke gar nicht erst entstehen läßt, wird nicht nur freigesprochen, sondern gar nicht erst angeklagt!

Auf diese Art und Weise die Roten Listen immer länger werden zu lassen, ist also keine strafbare Handlung, sondern zulässig und üblich! Nicht kleinzukriegen ist unter Landwirten die Ansicht, eine Feldmausplage werde durch Hecken begünstigt oder durch diese erst hervorgerufen. Nun sind Hecken zwar ein guter bis idealer Lebensraum für zum Beispiel Waldmaus, Rötelmaus, Gelbhalsmaus, Zwergmaus, Haselmaus und Spitzmaus, doch ausgerechnet der Feldmaus bietet die Hecke keinen Lebensraum. Als typisches Steppentier ist sie der modernen Agrarsteppe bestens angepaßt. Feldmäuse leben also fast ausschließlich auf dem freien Feld. Hecken, Flurgehölze und Waldränder werden von ihr gemieden. Bei den zahlreichen Feinden der Feldmaus ist es umgekehrt. Mauswiesel, Hermelin, Fuchs und Mäusebussard haben ihren Wohn- bzw. Ansitz in der Hecke oder im Wald. Von hier aus wird den Feldmäusen durch tag- und nachtaktive Mäusejäger das Leben nicht gerade leicht gemacht. Explosionsartige Vermehrungsschübe mit verheerenden Fraßschäden für die Landwirtschaft sind nur in einer ausgeplünderten Kultursteppe möglich.

Die Heckenlandschaft verhindert derartige Katastrophen durch die Wiederherstellung des ökologischen Gleichgewichts: Fuchs und Mauswiesel, aber auch Eule und Bussard passen sich dem Mäusevorkommen an, indem sie mit der Zahl ihrer Jungen auf das verbes-

Die tödliche Falle

Können wir damit leben, daß die Felder beiderseits der Hecken mit Gift eingenebelt werden, obwohl die Rebhühner auf den Eiern sitzen und ihre ahnungslosen Küken vielleicht schon morgen aus der Hecke heraus in die Falle führen werden?

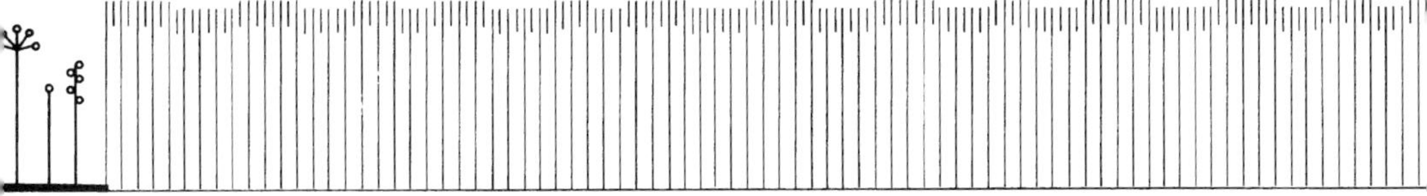

serte oder verschlechterte Nahrungsangebot prompt reagieren. Die Schleiereule legt dann ein zusätzliches Ei und der Fuchs wirft zwei bis drei Junge mehr als in ausgesprochen mäusearmen Jahren. Die immer noch übliche und zulässige Feldmausbekämpfung mit Giftködern vernichtet ein breites Spektrum der im Feld aktiven Fauna. Wären die Felder wenigstens an einer Seite mit einer Feldhecke begrenzt, würde man zu diesen brutalen Mitteln nicht greifen müssen. Aber Gift ist »günstiger«. Die Ausbringung gilt als »unproblematisch«, und der Zeitaufwand ist gering. Beruhigend ist sicher auch, daß alle diese Mittel »geprüft und amtlich zugelassen« sind. Wie jeder weiß, steht die Forschung »auf einem hohen Niveau«. Bei Igeln ist »ein gewisser Rückgang« zu bedauern, und die regionale Ausrottung von z.B. Rebhühnern läßt sich nur noch durch verharmlosende Formulierungen verschleiern. Das liest sich dann so: »Starker Rückgang – Erholungstendenzen noch nicht erkennbar«. Am Bodensee sind vor einigen Jahren kurz nach einer Feldmausbekämpfungsaktion mehrere tausend Vögel buchstäblich vom Himmel gefallen; tot natürlich. Die Empörung über diesen »Fehler« eines Bauern hat vorübergehend hohe Wellen geschlagen; zu mehr Hecken hat sie nicht geführt.

Der zweithäufigste Einwand, den Landwirte gegen Feldhecken vorbringen, klingt zunächst ganz plausibel: »Die Verunkrautung unserer Felder wird durch Hecken verschlimmert.« Gemeint ist die Verbreitung sogenannter Problemunkräuter durch Samenflug aus den Hecken. Dazu muß man wissen, daß weder die Hecke selbst noch die sie umfassende Saumzone einen Standort für Ackerunkräuter darstellen. Ackerunkräuter sind – wie der Name schon sagt – in ihrer Verbreitung auf den Acker begrenzt. Wiesenkerbel, Rainfarn, Gänsedistel, Lichtnelke und Flockenblume – um nur einige zu nennen – stellen sich an der Hecke ganz von selbst ein. Man könnte den Samen dieser Heckenbegleitflora kiloweise in die Felder streuen, eine Verunkrautung würde nicht stattfinden können!

Hühnereier, die man vorsichtig in eine Tiefkühltruhe legt, fangen nach drei Wochen ja auch nicht an zu piepen, aber unter die Glucke gelegt, kommen plötzlich kleine Küken zum Vorschein. Das Unkrautargument ist nicht nur unbegründet, sondern auch geradezu absurd, weil eine Hecke die im Wind schwebenden Unkrautsamen milliardenfach aus der Luft herausfiltert! Samen, die in dieser Barriere hängenbleiben, landen früher oder später auf dem Boden der Hecke. Auf dem Speisezettel der Vögel und Mäuse stellen sie eine willkommene Abwechslung dar. Die meisten Samen werden jedoch ein Opfer der im Boden aktiven Zersetzer; den Rest besorgen Pilze und Bakterien. Das Keimen der Samen wird durch die starke Beschattung der Heckenvegetation nahezu völlig unterbunden. Sollte dies doch einmal gelingen, so sorgen die ungünstigen Lebensbedingungen in der Hecke für Kümmerwuchs und vorzeitiges Absterben.

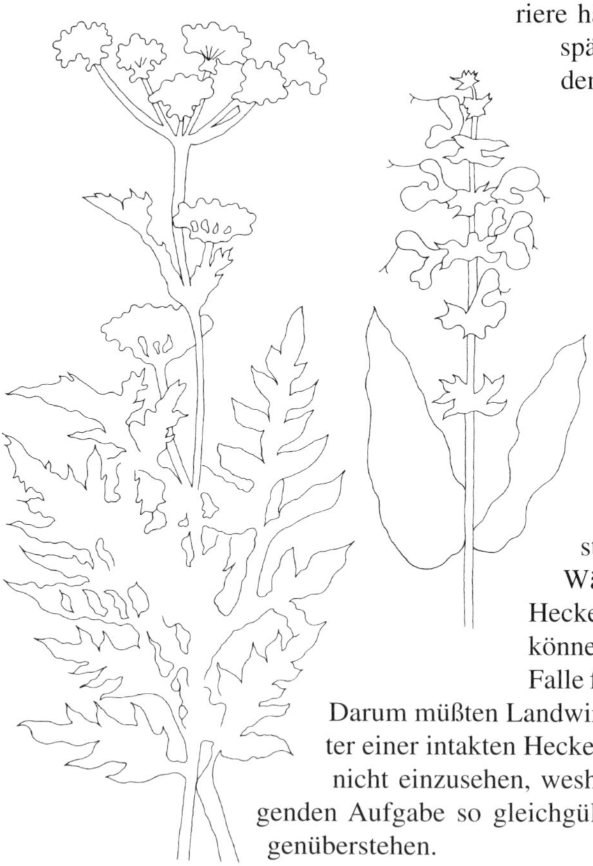

Während also die Pflanzen der Hecke dem Ackerboden nichts anhaben können, wird die Hecke zur tödlichen Falle für die Samen der Ackerunkräuter. Darum müßten Landwirte eigentlich glühendste Verfechter einer intakten Heckenlandschaft sein. Es ist überhaupt nicht einzusehen, weshalb ausgerechnet sie dieser dringenden Aufgabe so gleichgültig und oft sogar ablehnend gegenüberstehen.

Ein Argument, das ernst genommen werden sollte, ist die Kostenfrage. Neu angelegte Hecken mußten bisher durch aufwendige Maschendrahtzäune gegen Wildverbiß geschützt werden. Wo man es unterließ, haben fortwährende Nachpflanzungen den »Zauneinspareffekt« wieder aufgezehrt. Beschädigungen an den Zäunen durch nachlässige Wendemanöver mit Ackergeräten gehören zur Tagesordnung; Sabotage kommt regelmäßig vor. Eine Vernetzung der Landschaft ist unter derart drahtigen Bedingungen kaum vorstellbar und auch nicht wünschenswert. So erfreulich es sein mag, daß lange Maschendrahtzäune endlich ein Umdenken der Behörden signalisieren, schön sind diese Drahtverhaue nicht und ökologisch alles andere als unbedenklich. Für die Anpachtung von geeigneten Geländestreifen fehlt das Geld, und für diese landschaftsästhetische Zumutung wird es zum Fenster hinausgeworfen!

Viele Gemeinden tendieren dazu, die Wähler mit einer schönen Feldholzinsel, einer Behördenhecke oder einem Feuchtbiotop zu beglücken. Da wird dann schnell behauptet, das sei doch allemal besser als gar nichts, und das ist es ja auch; aber so lange diese Lebensräume von intensiver Landwirtschaft umzingelt sind und völlig isoliert in geschändeter Landschaft liegen, wird der Artentod weitergehen, als wäre nichts geschehen. Daran werden übrigens auch die Flächenstillegungen nichts ändern, denn stillgelegt werden doch nur die weniger guten Böden, während es auf den ertragsreichen Flächen zu neuen Produktionsschlachten kommt, die das Grundwasser gefährden und der Artenvielfalt den Garaus machen.

Rasch zusammengekaufte Flächen können eben nicht in einen Zoo für Pflanzen und Tiere verwandelt werden, dazu müßte nämlich auch das Umfeld noch einigermaßen intakt sein. Wie man es auch dreht und wendet, am ökologischen Landbau führt kein Weg vorbei, weil nur diese Form der Landwirtschaft den Naturschutz auf der ganzen Fläche herbeizuführen in der Lage ist. Nun darf aber nicht so getan werden, als ob in einer beliebigen Landschaft der ökologische Landbau eingeführt werden könnte. Erst müssen die Fundamente, die Voraussetzungen da sein; dann erst könnte die Umstellung auf breiter Front gelingen.

Eine wichtige, wenn auch sehr traurige psychologische Voraussetzung ist bereits vorhanden: Fast alle Menschen guten Willens sehen inzwischen ein, daß es so wie bisher nicht weitergehen kann! Um aber die Giftspritze ein für allemal an den Nagel hängen zu können, muß die ausgeräumte Landschaft umstrukturiert werden, damit beispielsweise die biologische Schädlingsbekämpfung durch Nützlinge an die Stelle der chemischen Keule treten kann.

Vierzig Jahre nach Rachel Carsons Buch »Der stumme Frühling« sollten wir dazu jetzt endlich bereit sein. Das vorliegende Buch zeigt einen Weg, der auf Umwegen die von allen Naturschützern herbeigesehnte Rettung der Artenvielfalt in die Hände ganz normaler Menschen legt, also nicht nur in die Hände weniger Experten. Die dem Weg zugrundeliegende Idee ist das Ergebnis einer Naturbeobachtung

meines Bruders Heinrich Benjes. Sie wird dem Leser wie das Samenkorn einer seltenen Pflanze anvertraut, dem »natürlich« noch ein entsprechender Lebensraum geboten werden muß.
Eine unaufhörlich vergiftete Landschaft kann selbstverständlich nicht durch die Rosinen vereinzelter Biotope wiederbelebt werden; man könnte sich jedoch das Gegenteil denken: Überall ökologischer, also giftfreier Landbau, hier und da aber kleine Müllkippen, auf denen sich die Giftspritzer zum Abgewöhnen nach Herzenslust noch mal so richtig austoben dürfen. Wer diesen Gedankengang für schwachsinnig hält, sei daran erinnert, daß der umgekehrte Fall, die ungeheuerliche Verseuchung der Agrarlandschaft und die Ausweisung giftfreier »Rückzugsflächen« mittlerweile mit dem Prädikat »Normalzustand« geadelt wurde! Das soll kein Schwachsinn sein?!
Die Frage, ob wir noch zu retten sind, kann heute nur noch durch Taten beantwortet werden; für den Zeitschlucker Umweltdiskussion sind Redezeitbegrenzer einzuführen, die rot aufleuchten, wenn uns das Ausdiskutierte noch einmal vorgekaut werden soll.
Wir haben erst 1987 erfahren, daß die Gestrüppmethode schon Anfang dieses Jahrhunderts von Geheimrat Professor Dr. August Bier vorweggenommen worden ist. Der Leser wird um Verständnis dafür gebeten, daß ich trotzdem an der Bezeichnung Benjeshecke festhalten möchte, auch um das Andenken an diesen großen Waldbaupionier sprachlich nicht zu beschädigen.

Die

Schattengare und ein feuchter Fuß geben den Sträuchern in der Benjeshecke einen uneinholbaren Vorsprung. Wenn dann auch noch die Vögel ihren Senf dazugeben, wird die Hecke zu einem Freudeerreger.

Bei den Straßenmeistereien fallen jedes Jahr große Mengen Baumschnitt an. Um den Abtransport zu erleichtern, werden die Äste am Straßenrand fein säuberlich in Haufen aufgeschichtet. Nicht zu kleingeschnitten, sonst würde man sich ja viel zu oft bücken müssen, aber auch nicht zu groß, denn sperriges Buschwerk beansprucht viel Platz und verteuert den Abtransport. Um sich den zu ersparen, werden in letzter Zeit verstärkt Buschhacker eingesetzt, die das lästige Material mit großem Kapital- und Energieaufwand kurz und klein schlagen und das Häcksel in die Büsche zurückblasen.

Alternativ zu dieser »Entsorgung« wird vielerorts leider noch immer die Mieten- und Flächenkompostierung praktiziert. Völlig abzulehnen ist selbstverständlich das leider immer noch praktizierte Verbrennen dieser unerhört wertvollen Biomasse, die unverzüglich unter Naturschutz gestellt werden sollte, um als Heilmittel gegen die Wunden und Folgen der Flurbereinigung eingesetzt werden zu können.

Der Patient, die baum- und heckenarme Landschaft, steht fest. Er kann uns also nicht davonlaufen. Beim Medikament ist es anders. Es liegt fein säuberlich gestapelt am Straßenrand herum, aber nicht lange, und wenn wir nicht aufpassen, ist es spurlos verschwunden. Also passen wir auf, reden mit der Straßenmeisterei und lassen uns »das Zeug« für ein Lächeln – oder einen Kasten Bier – an eine Stelle in der Landschaft fahren, die vorher mit einem Wimpel markiert wurde. Man sollte selbst dabei sein, um die Buschwerkfuhren auf dem vorgesehenen Geländestreifen haufenweise so zu verteilen, daß dem Heckengärtner später das unnötige Hin- und Herschleppen erspart bleibt.

Die Leute von der Straßenmeisterei sollte man sich warmhalten, denn der Patient – die ausgeräumte Flur – ist ein unersättlicher Gestrüppfresser. Bürgermeister, Anlieger und Jagdpächter sind selbstverständlich informiert worden; der Formalkram liegt hinter uns, das Heckenprojekt kann jetzt seinen Lauf nehmen.

Da liegen sie nun, fünf oder sechs große Gestrüpphaufen, gleichmäßig über eine Länge von 100 Metern verteilt. Ein bißchen feierlich kann einem da schon zumute werden, denn jetzt sind die Weichen gestellt, es kann losgehen. Der Patient darf hoffen, denn wir sind jetzt bei ihm!

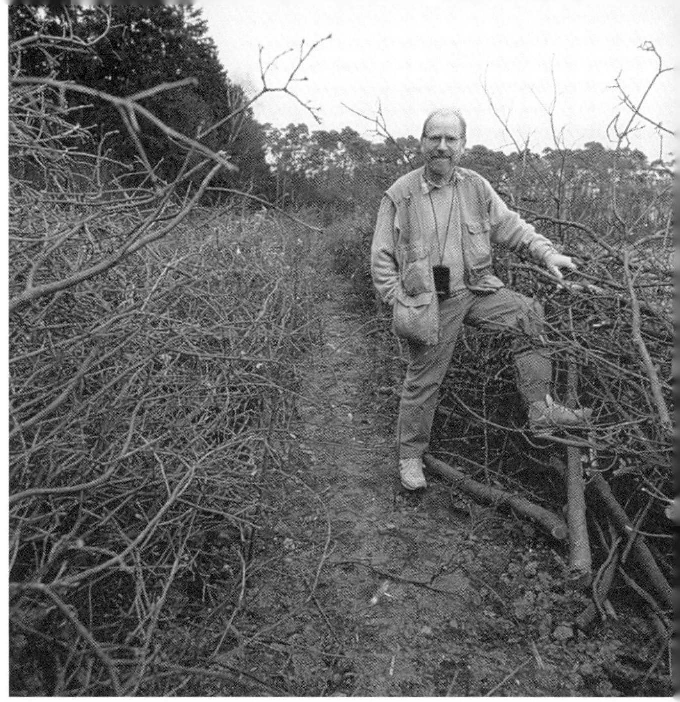

Eis und Schnee *stellen bei der Anlage von Benjeshecken kein Hindernis dar. Natürlich können dann keine Sträucher gepflanzt werden. Also ist schon bei der Gestrüppablage dafür zu sorgen, daß in der Mitte ein schmaler Streifen frei bleibt. Dieser kann dann im März/April problemlos bepflanzt werden.*

Auf dem vorgesehenen Geländestreifen wird zunächst eine zwei Meter breite und ca. anderthalb Meter hohe Gestrüppbarriere errichtet, bei der die Hälfte des verfügbaren Gestrüpps verarbeitet wird. Danach wird entlang dieser Barriere alle anderthalb bis zwei Meter ein Pflanzloch ausgehoben und mit standortgerechten Heckensträuchern bepflanzt. Um das wertvolle Pflanzgut vor Rehwild zu schützen, wird anschließend eine weitere Gestrüppbarriere danebengepackt. Beide Enden der Benjeshecke werden abschließend mit Gestrüpp ordentlich »zugemacht« – weiter nichts!

»Ist das alles?« Diese schlimme Frage einer Braut in der Hochzeitsnacht kann uns Heckengärtner nicht erschüttern. Ja, ich gebe es doch zu, das ist zunächst einmal alles. Das gleichmäßige Verzockeln der einzelnen Äste, der sparsame – weil raumgreifende – Umgang mit diesem herrlichen Material, das sinnvolle Verteilen und Durchmischen der groben Äste mit dünneren Zweigen, das muß man erlebt haben. Auch völlig unbedarfte Personen haben bei entsprechender Anleitung nach ein, zwei Stunden den Bogen raus und sind dann in der Lage, einen Feldweg zu verhecken.

Das Gestrüpp ganz einfach mit dem dicken Ende nach unten auf den Boden legen. Die „Schräge“ einer Benjeshecke ensteht dann ganz von allein. Man muß also kein Abitur haben, um auf Anhieb in den Genuß einer vorbildlich angelegten Benjeshecke zu kommen, aber direkt geschadet hat das Abitur dabei noch nie.

Das Auseinanderreißen der oft mit hydraulischer Kraft zusammengepreßten Gestrüpphaufen ist etwas für starke Kerle, aber die einzelnen Äste können dann durchaus auch von Kindern »abgeholt« werden. Bei der von Hand angelegten Benjeshecke verfahre man so:

Ganz einfach das dicke Ende der Äste nach unten legen; die angestrebte »Schräge« von 30 bis 45 Grad ergibt sich dadurch ganz von selbst.

Besonders gut sieht die Benjeshecke aus, wenn bei der Gestrüppablage ein zweiter Grundsatz beachtet wird: Die dicken Enden werden grundsätzlich immer ein wenig zur Heckenmitte ausgerichtet. Dadurch bekommt der Heckenaufbau eine fächerförmige Struktur von hoher Sturmfestigkeit (siehe Abb. rechts). Skeptiker können die Bedeutung dieser etwas überflüssig erscheinenden Anweisung durch folgendes Experiment selbst herausfinden: Man mache es spaßeshalber auf einer Strecke von 30 Metern einmal genau umgekehrt, also die dicken Enden wahllos oben und seitlich aus der Hecke herausragend. Das Resultat ist eine erstaunlich liederlich aussehende Gestrüppdeponie, der man das Gewollte nicht mehr ansehen kann. Besonders in der Nähe von stark frequentierten Spazierwegen können neu angelegte Benjeshecken gar nicht schön genug sein. Sobald der Eindruck des Liederlichen entsteht, werfen Spaziergänger ihre Kleinabfälle da hinein. Zwei Hinweisschilder, je eins an beiden

Von oben betrachtet
sollten die dicken Enden der Zweige leicht zur Mitte der jeweiligen Benjeshecken-Hälfte zeigen. Im umgekehrten Falle besteht nämlich die Gefahr, daß vorbeifahrende Traktoren mit ihren Geräten daran hängenbleiben und die Gestrüppbarriere auseinanderreißen.

Enden, erhöhen die Zahl der Mitwisser, machen also aus Spaziergängern Informierte, die durch ihre Mitwisserschaft zu schützenden Teilhabern der Flurbelebung werden.

Kommen bei der Anlage riesiger Benjeshecken Frontlader und sonstige Geräte zum Einsatz, können trotzdem sehr gute Resultate erzielt werden, die den ästhetischen Vergleich mit von Hand angelegten Hecken nicht zu scheuen brauchen. Es findet nach der Gestrüppablage ganz einfach eine abschließende Heckenkritik statt, die darauf hinausläuft, die besonders struppig herausragenden Äste zu kappen.

Die Heckenpioniere Lutosch und Guba haben neben dem Geräteeinsatz vor allem durch die Anlage modifizierter Benjeshecken wegweisende Möglichkeiten der Waldrandgestaltung und Flurbelebung aufgezeigt. Um nämlich zu vermeiden, daß die schützende Gestrüppbarriere verrottet und in sich zusammenbricht, bevor durch den Plumpskloeffekt der Vögel ein natürlicher Aufwuchs gesichert ist, wird von vornherein gepflanzt. Die Sträucher werden nach dem Pflanzen bis zum Hals mit Gestrüpp eingehüllt, da sie sonst – wie in einer Behördenhecke – der Vergrasung, dem Wind und der Sonne ausgeliefert wären. Durch hohen Schattendruck weicht die lästige Vergrasung unter dem Gestrüpp einer schütteren Verkrautung. Da mag es im Sommer rechts und links neben der Hecke knochenhart

__Geländestreifen__ lassen sich mit Gestrüpp in Schutzflächen verwandeln, die vom Schalenwild gemieden werden (Benjeshecke). Den Rest besorgt die Natur. Es entsteht eine Krauthecke, die sich allmählich in eine Feldhecke verwandelt. Auf dieser vorletzten Stufe muß die Sukzession jedoch durch Rückschnitt „angehalten“ werden, da sonst eine Baumhecke entstehen würde.

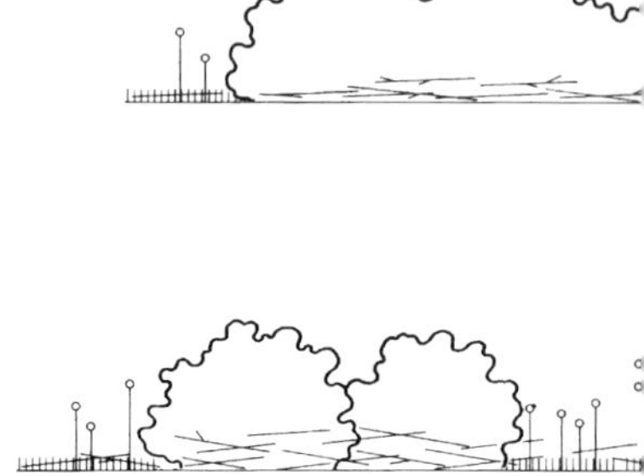

und trocken sein, auf dem Boden der Benjeshecke sorgen eine Schatten- und Halbschattengare für eine waldbodenähnliche Situation: Alles ist locker und feucht; ein idealer Nährboden für Samen, Sträucher und Bäume ist entstanden.

Da wir uns das Gestrüpp nicht aussuchen können, also alles nehmen müssen, was uns kostenlos geliefert wird, kann es vorkommen, daß nur Weichholzgestrüpp von Pappeln, Eschen und Weiden zur Verfügung steht. Hecken aus diesem Material brechen innerhalb von nur drei Jahren so in sich zusammen, daß von einem nennenswerten Wildverbißschutz keine Rede mehr sein kann. Ungeachtet dieses einen Nachteils wird selbstverständlich auch das Weichholzgestrüpp mit Kußhand genommen. Die kurze Lebensdauer und begrenzte Schutzwirkung muß dann eben durch eine etwas größere Zahl hineingepflanzter Sträucher und eventuell durch einen Elektrozaun kompensiert werden. Durch ideale Wachstumsbedingungen erhalten

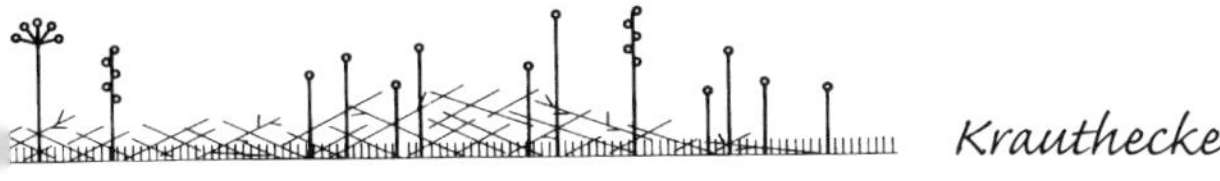

diese Sträucher gegenüber denen einer eingezäunten Behördenhecke einen uneinholbaren Vorsprung. Sollen die Rehe nach ein paar Jahren ruhig kommen: Unterhalb der Verbiß- und Fegeschäden treiben die Sträucher um so dichter wieder aus. Werden Benjeshecken in der Nähe noch vorhandener Hecken oder nicht allzuweit von intakten Waldrändern angelegt, in denen es noch Beeren gibt und Vögel, kann die Zahl der hineingepflanzten Sträucher im Vertrauen auf den Plumpskloeffekt der Vögel von 50 auf ca. 30 Sträucher pro 100 Meter reduziert werden.

Wo aber gibt es sie noch, intakte Waldränder und artenreiche Hecken?! Kaputte Waldränder und ausgeräumte Agrarlandschaften so weit das Auge reicht! Also muß gepflanzt werden, denn Wunder dauern nun einmal etwas länger. Man lasse sich von der drei- bis vierfachen Sträucherzahl in Behördenhecken nicht irre machen. Die Benjeshecke bietet den Sträuchern viel bessere Startbedingungen;

Insekten- und Bodenbrüterparadies

Durch das Anlegen einer Benjeshecke schenken wir der Landschaft einen Schutzstreifen, der diese Bezeichnung – im Gegensatz zur Sperrzone einer drahtigen Behördenhecke – vom ersten Tage an verdient. Spuren im Schnee verraten, wie schnell die Gestrüppbarriere von den Nagern angenommen wird.

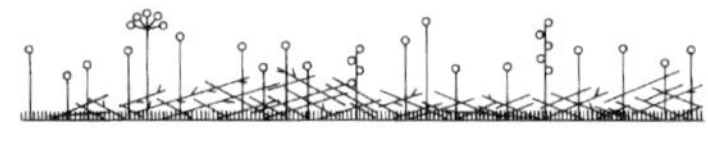

Schon im ersten Sommer verliert die Benjeshecke ihre Unschuld; sie hat sich bis zum Herbst in ein Insektenparadies verwandelt und geht als Krauthecke in den zweiten Winter.

eine Initialpflanzung reicht daher völlig aus. Den Rest besorgen die Vögel; und die lassen nicht lange auf sich warten. Der Heckengärtner Albert Bröckl aus Freiburg schrieb mir, er habe an seiner Benjeshecke 24 verschiedene Vogelarten festgestellt. Die meisten sicher nur als Durchzügler, aber immerhin; wenn sie vor dem Weiterflug noch schnell den Schwanz heben und ihre kostbare Fracht in das Gestrüpp plumpsen lassen, soll es mir recht sein. Ich selbst hatte auf Anhieb den Neuntöter drin – als Brutvogel! Auch das seltene Braunkehlchen wird gelegentlich an Benjeshecken beobachtet. Aus den neuen Bundesländern überschlagen sich die Erfolgsmeldungen geradezu. So ist in Müncheberg die Sperbergrasmücke an einer gerade erst angelegten Benjeshecke als Brutvogel entdeckt worden. Der Heckengärtner Thorsten Schönbrodt schrieb mir dazu, daß ein Ornithologe, der diese Gegend seit zehn Jahren betreut, die Sperbergrasmücke hier vorher nie gesehen habe! Wir wollen daraus keine zu hohen Erwartungen ableiten, sondern lieber dafür sorgen, daß weitere Benjeshecken angelegt werden, damit die Anfagserfolge nicht spurlos in sich zusammenbrechen – wie das Gestrüpp der Benjeshecke. Darum ist es auch besser, jedes Jahr eine anzulegen, als sich mit einer zu großen Benjeshecke die Lust am Weitermachen zu verderben. Drei bis vier Personen sind bei gutem Wetter und einem anständigen Frühstück durchaus in der Lage, an einem Tag eine 100

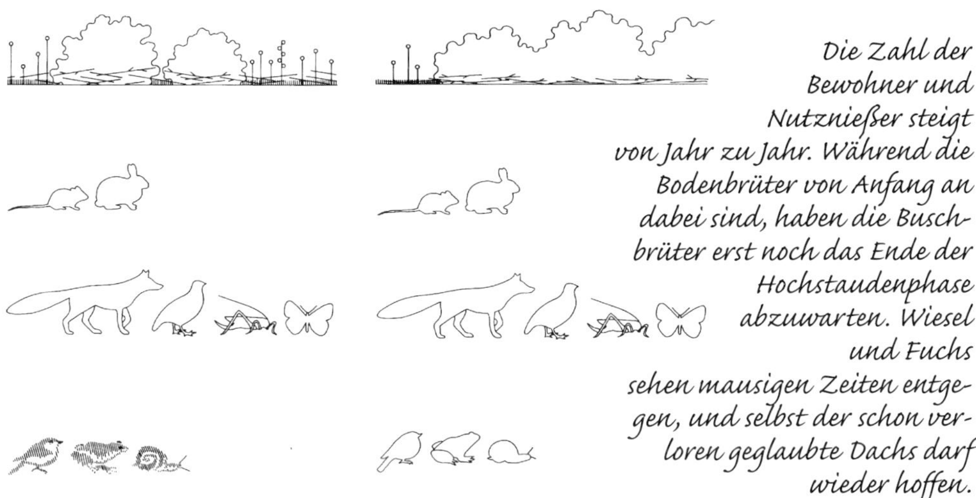

Die Zahl der Bewohner und Nutznießer steigt von Jahr zu Jahr. Während die Bodenbrüter von Anfang an dabei sind, haben die Buschbrüter erst noch das Ende der Hochstaudenphase abzuwarten. Wiesel und Fuchs sehen mausigen Zeiten entgegen, und selbst der schon verloren geglaubte Dachs darf wieder hoffen.

Meter lange Benjeshecke anzulegen. Wenn es für Vorübergehende so aussieht, als habe das Gestrüpp hier schon immer so herumgelegen, ist gute Arbeit geleistet worden. Wer von dieser Flurbelebungsmethode zum ersten Mal hört, wird sich kaum vorstellen können, daß auf Anhieb ein reizvoller Eindruck entsteht, der auch höchsten landschaftsästhetischen Anforderungen gerecht wird. Nur der ganz kaputte Typ wird die »Unordnung« beklagen und einer »sauberen« Landschaft den Vorzug geben. Das erste Schneetreiben verwandelt die Benjeshecke in eine langgezogene Schneewehe. Spuren im Schnee verraten sofort, daß Hasen und Rebhühner – falls überhaupt noch vorhanden – die Barriere wie einen langersehnten Freund begrüßen.

Das scheinbar völlig zugeschneite Gestrüpp bietet in seinem Inneren eine Fülle unterschiedlich großer Hohlräume, die bei klirrender Kälte zu Stätten des Überlebens werden können.

Im ersten Winter, wenn die Zweige der Benjeshecke noch frisch und saftig sind, bietet die nahrhafte Rinde eine von Nagern beliebte Futterquelle. Mäuse tun sich an den Knospen gütlich und tragen dazu bei, daß Bussard und Fuchs jetzt öfter mal vorbeischauen und gut über den Winter kommen. Die abschreckende Wirkung der Barriere auf das Rehwild stellt sich spätestens im Frühjahr heraus, wenn die leckeren Gräser und zarten Kräuter im Schatten kahler Zweige für

__Das Einbringen der Sträucher__ gibt der Benjeshecke einen fliegenden Start. Es reicht völlig aus, alle zwei Meter einen Strauch zu setzen. Den Rest besorgen die Vögel. Um auch bei gefrorenem Boden Benjeshecken anlegen zu können, wird bekanntlich in der Mitte ein 50 cm breiter Pflanzstreifen freigehalten und spätestens im März/April mit standortgerechten Sträuchern bepflanzt.

Rehe unerreichbar bleiben. Mühelos und nahezu unbeeinträchtigt erreichen diese Pflanzen nach einer ungestörten Blüte die Samenreife. Rehe meiden das Gestrüpp der Benjeshecke, gerade so als ob sie befürchten, sich mit ihren dünnen Beinchen im Geäst zu verheddern. Dieser erfreuliche Umstand erspart uns den Wildschutzzaun und führt bei der bevorstehenden Flurbelebung zu Kosteneinsparungen in Millionenhöhe. Auch Schafherden, die auf Schafstriften das Gras kurzhalten und die Sukzession unterbinden, können der Benjeshecke nichts anhaben. Der ungewöhnliche Pflanzenwuchs mit seiner Blütenpracht und unzähligen Duftquellen übt eine geradezu magnetische Wirkung auf das Heer der Insekten aus. In hundertfacher Artenvielfalt wird der neue Lebensraum sofort besetzt. Bei den Vögeln spricht sich das schnell herum. Für Busch- und Bodenbrüter ist die Benjeshecke von Anfang an das Paradies schlechthin. Die Baumbrüter müssen natürlich noch etwas Geduld haben, doch auch ihnen bietet das Gestrüpp ideale Ansitzmöglichkeiten, Insektennahrung und Unterschlupf bei Gefahr.

Mit dem Kot der Vögel gelangen die Samen der späteren Heckensträucher in das Gestrüpp. Die Wahrscheinlichkeit, daß einige davon bis auf den Boden der Hecke gelangen und dort keimen, wird mit jedem Regen größer. Die von einigen »Experten« verbreitete Ansicht, die Benjeshecke böte denkbar schlechte oder überhaupt keine

Dabei darf nicht der Fehler gemacht werden, die empfindlichen Sträucher unnötigerweise der Vergrasung, der Sonne und dem Wind schutzlos auszuliefern. Selbstverständlich ist der Streifen schon bei der Pflanzung oder gleich danach mit Gestrüpp einzuhüllen, um die Sträucher in den Genuß der Bodenfeuchtigkeit und Schattengare zu bringen.

Voraussetzungen für den Plumpskloeffekt der Vögel und den Donnerbalkeneffekt der Zweige, kann ich mir nur so erklären, daß es eben auch ein bißchen weh tut, ein derart bedeutsames Naturschutzphänomen schlicht übersehen zu haben. Im ersten Sommer ist das Gestrüpp nur noch andeutungsweise zu erkennen. Völlig durchgrünt erscheint uns der verheckte Streifen von weitem wie eine Hochstaudenflur und bei näherem Hinsehen wie ein botanischer Garten. Man muß schon sehr beschlagen sein, um auch nur die Hälfte der dort wachsenden Gräser und Kräuter namentlich aufzählen zu können. Bei den Insekten schließlich reicht ein Menschenleben nicht aus, um die ganze Vielfalt auch nur annähernd zu ermitteln.

Wie ist das möglich, daß inmitten einer sterilen, sterbenden Landschaft, umgeben von totgespritzten Feldern die Natur so plötzlich wieder zum Vorschein kommt? Wir haben Gestrüpp einfach irgendwo hingeschmissen und damit eine Kettenreaktion ausgelöst, die sich überall wiederholen läßt. Das ist – zunächst einmal – alles.

Es ist geradezu ärgerlich, wie gut das funktioniert. Ich kann auch nichts dafür, daß mit so einfachen Mitteln ein derart kompliziertes Biotop eingerichtet und auf Dauer gesichert werden kann! Wo kämen wir eigentlich hin, wenn das Schule machen würde; wenn ganz normale Bürger unter Umgehung amtlicher Zielvorgaben und wissen-

Vier Jahre später: Aus der modifizierten - das heißt von Anfang an bepflanzten - Benjeshecke ist eine respektable Feldhecke geworden, die sich jetzt schützend vor eine Waldkante legt und diese früher oder später in einen richtigen Waldrand verwandelt.

schaftlicher Gutachten mit nichts in den Händen – außer Gestrüpp versteht sich – an solche Maßnahmen herangehen?

Dies ist die Stunde der Mahner. Sie kriechen nachts mit Laterne und Lupe unter das Gestrüpp und suchen die erstickte Rote-Liste-Art so lange, bis sie eine gefunden haben. Und dann heißt es: An jeder Ecke eine Hecke! Um dieser Kritik zu entgehen, sollte man sich grundsätzlich vor der Anlage einer Benjeshecke die Mithilfe und Beratung sachkundiger Naturschützer sichern, deren Adresse auf dem Rathaus zu erfragen ist, denn selbstverständlich kann durch eine falsch plazierte Benjeshecke auch Schaden angerichtet werden.

Das Totholz der Benjeshecke bricht nach einigen Jahren spurlos in sich zusammen. Nur die Reste der dicksten Zweige deuten nach Jahren noch an, was hier einmal stattgefunden hat. Würmer und Asseln, Käfer und Pilze, Springschwänze und Bakterien haben das Holz in feinste Walderde verwandelt, die den »Nachrückern« jetzt den Start erleichtert. Holzige Hochstauden und zartes Gebüsch gehen so nahtlos und unmerklich ineinander über, daß man hinter-

Müllmuffel *sind Umweltschweine, die sich einer Hecke am liebsten im Rückwärtsgang bei Nacht und Nebel nähern. Werden die Folgen dieser Straftaten nicht sofort beseitigt, treten Nachahmer auf den Plan, die von der Zigarettenschachtel bis zum Kühlschrank und in seltenen Fällen sogar einen Trabi dabeihaben.*

her gar nicht mehr sagen könnte, wann das tote Gestrüpp vom lebendigen Strauchwerk abgelöst worden ist. Wir dürfen nicht ungeduldig sein und haben zu beachten, daß jede Entwicklungsphase der Benjeshecke neue Lebensräume entstehen läßt, von denen der eine so wertvoll ist wie der andere. Pflanzen und Tiere sind bis zu einem gewissen Grade anpassungsfähig, sind also durchaus in der Lage, die Sukzession mitzumachen.

Während die meisten Tiere beweglich genug sind, um notfalls auf ein angenehmeres Plätzchen in der Krauthecke (und später in der Feldhecke) ausweichen zu können, wird die zunehmende Beschattung durch mehr oder weniger schnell heranwachsende Sträucher und Bäume für zahlreiche Wildkräuter zu einem Verdrängungswettbewerb, in dem sie eines Tages auch durch verstärktes Längenwachstum nicht mehr mithalten können und untergehen oder durch Samen und Ausläufer in die Saumzone der Hecke abgedrängt werden. Jede Hecke sollte in unregelmäßigen Abständen mit Bäumen aufgelockert werden, die als Sonderbiotop im Lebensraum Hecke eine im wahrsten Sinne des Wortes überragende Stellung einnehmen. Obgleich die Bestockung der Benjeshecke und der sie ablösenden Krauthecke zum Teil den Vögeln und dem Wind, also dem Zufall überlassen bleibt, gilt diese Regel auch hier: Um die Landwirtschaft

Das Wort Mutterboden und Vaterland kann man ja heute kaum noch in den Mund nehmen, ohne bei gewissen Leuten ein argwöhnisches Stirnrunzeln auszulösen. Darum sei ausdrücklich davor gewarnt, mit erhobenem Kopf an in Reih und Glied aufgestellten Haufen stolz vorbeizudefilieren. Die Gestrüpphaufen natürlich nicht auf den Heckenboden legen, sondern zwei bis drei Meter daneben!

durch Schattenwurf (in 50 Jahren!) nicht unnötig zu belasten, werden einzelne Bäume unter Umgehung der natürlichen Sukzession in die Kraut- bzw. Benjeshecke hineingemogelt. Typische Standorte sind Wegkreuzungen, die prinzipiell als tolerierbare Großschattenzone genutzt werden können.

Diese wenigen Bäume, auf die es später auch aus landschaftsästhetischen Gründen so sehr ankommt, sollten der Hecke vorauseilen dürfen und darum werden sie ganz normal gepflanzt, das heißt, so normal nun auch wieder nicht! Ihnen soll der Überlebenskampf in der Hecke zunächst erspart bleiben und ein nicht mehr einholbarer Vorsprung gesichert werden. Da es sich immer nur um wenige Exemplare handelt, kann die notwendige Pflanzaktion mit großer Sorgfalt vorbereitet und durchgeführt werden. Haben wir unter Berücksichtigung der Sonneneinstrahlung und der zu erwartenden Schattenfläche den optimalen Standort in der Hecke ermittelt, wird die Benjeshecke an dieser Stelle einfach »aufgemacht« und das Pflanzloch ausgehoben. In der Baumschule haben wir uns vielleicht eine krumme, aber kräftige Stieleiche ausgesucht, die gleich nach der Pflanzung mit einer Maschendrahthose vor Kaninchen geschützt wird; sicher ist sicher.

Der Baum ist in den ersten zwei bis drei Jahren auf die Feuchtigkeit der oberen Bodenschicht angewiesen und sollte diesen Bereich

Da schau her!
Bis zum Hals im Gestrüpp stehend, werden diese Heckensträucher auch bei extremer Trockenheit gut aus den Startlöchern herauskommen. Windruhe, Schattengare, höhere Luft- und Bodenfeuchtigkeit sowie deutliche Temperaturunterschiede (im Sommer kühler, im Winter wärmer) sorgen im Inneren der Benjeshecke für ein unvergleichlich vitales Wachstum der Sträucher.

nicht auch noch mit Brennesseln oder Brombeeren teilen müssen. Mit Hilfe einer Baumscheibe wird die zu erwartende Konkurrenz ausgeschaltet. Nach dem Wässern wird eine quadratmetergroße Fläche mit altem Gras gemulcht und anschließend mit vier- bis fünflagigen Tageszeitungen (!) abgedeckt. Diese werden seitlich zehn Zentimeter eingerissen und von drei Seiten sich überlappend an den Stamm gezogen. Die Zeitungen sorgen durch Lichtabschluß für eine mindestens zweijährige Unterdrückung jeglicher Vegetation. Um sie regendurchlässig zu machen, werden sie mit Wasser übergossen und anschließend mit einer Mistgabel perforiert.

Den Abschluß bildet – auch aus kosmetischen Gründen – eine weitere Mulchschicht aus Laub oder Gras. Dann kann die Lücke in der Gestrüppbarriere wieder »zugemacht« werden; eine Arbeit, die in wenigen Minuten erledigt ist. Der frisch gepflanzte Baum steht jetzt bis zum Bauch im Gestrüpp der Benjeshecke, die ihn von allen Seiten schützt und einen Stützpfahl überflüssig macht. Wir werden uns um diesen Baum nie wieder kümmern müssen, bis auf die Drahthose, die ihm nach vier bis fünf Jahren wieder abgenommen werden kann.

Die Eiche wird uns den Vorsprung zu danken wissen und noch in hundert oder zweihundert Jahren die schönste Stelle an der ganzen Hecke sein.

Ein ganz normaler Waldpflug hat sich bei der Anlage modifizierter Benjeshecken in Harpstedt bestens bewährt. Eine Zahnradscheibe schlitzt den vergrasten Boden auf, und die beiden Leitbleche schälen die Grasnarbe sauber und flach zur Seite. Die freigelegte Furche kann anschließend problemlos bepflanzt werden. Steht ein solcher Pflug nicht zur Verfügung, muß die Grasnarbe vor dem Ausheben der Pflanzlöcher (und zwar nur dort!) mit einer gut geschärften Feldhacke abgeschlagen werden.

Die Hecke als Lebensraum

Was die Hecke von anderen Lebensräumen unterscheidet und so wertvoll macht, ist ihr doppelter Biotopcharakter: Sie stellt ohne jeden Zweifel einen der wertvollsten Biotoptypen dar und ist darüber hinaus in der Lage, andere Biotope miteinander zu vernetzen.

Auf kleinster Fläche die unterschiedlichsten Lebensräume anzubieten, dieses Kunststück bringt nur die Hecke fertig. Die sonnenhungrige Eidechse und die das feuchte Laub genießende Kröte kommen beide auf ihre Kosten und sind in der Hecke doch nur ein paar Meter von einander entfernt. Obwohl uns Heckengärtnern zunächst ja nur die Aufgabe zufällt, eine Flurbelebung in Gang zu bringen (alles übrige besorgt die Natur), sind lenkende Eingriffe von beschleunigender Wirkung und darum sehr zu empfehlen. Wer den Bauern bei einer Feldmausplage helfen möchte, sollte das Mauswiesel ansiedeln. Dieser hübsche Mäusejäger ist ein typischer Heckenbewohner. Mauswiesel und Hermelin brauchen allerdings einen artgerechten Unterschlupf, in dem sie ihre Kinderstube einrichten können. Mit einem Lesesteinhaufen wird die Ansiedlung nicht lange auf sich warten lassen; einer von beiden stellt sich bestimmt ein.

Dazu werden eigentlich Feldsteine benötigt, die aber in vielen Gegenden nicht in ausreichender Menge zur Verfügung stehen. Also werden wir uns auf Bauschuttdeponien nach geeigneten Steinen umsehen und notfalls auch auf ganz gewöhnliche Ziegelsteine zurückgreifen. Eine bestens vorbereitete Lesesteinhaufenaktion sollte bis zur Dämmerung abgeschlossen sein, da sonst der Eindruck entstehen könnte, hier sei illegal Bauschutt abgeladen worden.

So haarsträubend es klingt und so leid es mir tut, wir beginnen mit versetzt gestapelten Autoreifen, die dem Lesesteinhaufen ein respektables Volumen geben und auch ein paar größere Hohlräume schaffen. In den Altreifen sorgen ein paar Ziegelsteine dafür, daß diese unter dem Druck der Steine nicht plötzlich mal nachgeben und womöglich noch einen Igel in die Klemme bringen.

Die gängige Ansicht, der Einsatz von Autoreifen sei in der Natur nicht zu verantworten, läßt die Tatsache unberücksichtigt, daß Jahr für Jahr über hunderttausend Tonnen Gummiabrieb von uns Autofahrern über das Regenwasser »entsorgt« werden, also Bäche und Böden verseuchen.

Es stört sich eigenartigerweise auch kaum jemand an Autoreifen, die zu Tausenden an den Futtersilos in offener Landschaft herumliegen und das Auge beleidigen. Die mir bisher vorliegenden Einwände gegen meine Vorliebe für Autoreifen sind nicht stichhaltig, während die Vorteile meiner Hohlraumtechnik sonnenklar auf der Hand liegen: Unerhört schnelles Arbeiten, äußerst kostengünstig, geringe Transportkosten und hoher ökologischer Effekt. Vergleichbare Resultate wären bei Verwendung von Natursteinen nicht finanzierbar. Respektieren kann ich daher nur »rein gefühlsmäßige« Bedenken, nicht aber den Geßlerhut irgendwelcher Abfallpara-

Der Heckendurchstich stellt eine landschaftsarchitektonische Herausforderung dar, die den Meister vom Stümper - wie in der Malerei - auf Anhieb erkennbar unterscheidet. Sobald das Vernetzungsziel erreicht ist, kann und sollte mit den Feinheiten der Landschaftsgestaltung begonnen werden. Beneidenswert, wer damit - auf eigenem Grund und Boden - schon heute beginnen kann.

graphen. Man lasse sich daher zur Größe der Lesesteinhaufen beglückwünschen und verschweige tunlichst den gut versteckten Grund dieser Größe (was er nicht weiß, macht ihn nicht heiß!).

Mit Steinen verschiedener Größe werden Gänge und Hohlräume angelegt; das Einfach-nur-auf-den-Haufen-Schmeißen engt die Bewohnbarkeit unnötig ein und sollte durch phantasiereiches Basteln und Bauen ersetzt werden. Aus kosmetischen Gründen werden die der Sonne zugekehrten Seiten des 80 bis 100 cm hohen Reifenstapels mit wunderschönen Natursteinen abgedeckt und damit »behördensicher« gemacht. Die Nordseite wird mit einer nicht zu knappen Erdaufschüttung regendicht gemacht. Die dazu notwendige Erde muß nicht extra herantransportiert werden, sondern wird dem Heckenboden direkt daneben entnommen. Damit stellen wir der Trockenzone des Lesesteinhaufens eine Heckenfeuchtstelle zur Seite, die sich bei anhaltendem Regen – zumindest vorübergehend – in einen kleinen Tümpel verwandelt. Eine mit Bedacht plazierte Heckenfeuchtstelle kann unter Berücksichtigung des natürlichen Gefälles das Regenwasser der Feldwege und Ackerraine nutzen, wenn ihr dieses Wasser durch kleine Rinnen klammheimlich zugeführt wird.

Die Betonierung der Feldwege hat die ökologisch nicht uninteressanten Wagenspurbiotope früherer Zeiten nahezu völlig ver-

Eine Heckenfeuchtstelle *nutzt das Regenwasser der Feldwege und Ackerraine. Bei der Heckennetzplanung sollten diese Sonderbiotope von vornherein mit berücksichtigt werden. Geeignete Stellen in der Landschaft können bei einem Spaziergang im Regen oder kurz danach leicht gefunden werden.*

schwinden lassen. Was macht man in einer solchen Situation? Nun, man hat für einen Ausgleich zu sorgen und beendet damit den unhaltbaren Zustand, daß die Agrarlandschaft in vielen Gegenden quadratkilometerweise ohne die Spur einer Wasserstelle in der prallen Sonne klafft. Selbst wenn die Heckenfeuchtstelle nur das Abfallprodukt eines Lesesteinhaufens ist, sollte der Standort dieser Zwillings-Sonderbiotope vorrangig unter dem Gesichtspunkt der »Regenwasserzuführungsmöglichkeit« ermittelt werden. Auch hier gilt die gute alte Ökogartenregel: eine Stunde Nachdenken ersetzt zehn Stunden schweißtreibende Knochenarbeit. Im Flachland kann die Suche nach geeigneten Stellen eigentlich nur bei strömendem Regen – oder kurz danach – erfolgreich sein. Provisorische Dämme und winzige Rinnen sind mit Hacke oder Spaten schnell hergerichtet und lassen im Handumdrehen eine sichere Prognose über die zu erwartende Wassermenge zu.

Überall dort, wo im Umkreis von 500 Metern weder Bäche noch Tümpel oder sonstige Wasserstellen zu finden sind, lassen wir im Schutze der Hecke eine Wasserstelle entstehen, die von den Tieren als Tränke oder Badeplatz genutzt werden kann. Im Zuge der allmählichen Vernetzung sollte ein wesentlich kleinerer Feuchtstellenradius ins Auge gefaßt werden; 500 Meter sind eine Faustzahl, die uns den schrittweisen Einstieg erleichtert und im Hinblick auf die kata-

Heckengärtner, die es schaffen, diese Feuchtstellen völlig unsichtbar in der Landschaft zu verteilen und selbst bei großer Trockenheit wasserführend zu halten, erweisen der Artenvielfalt einen unschätzbaren Dienst.

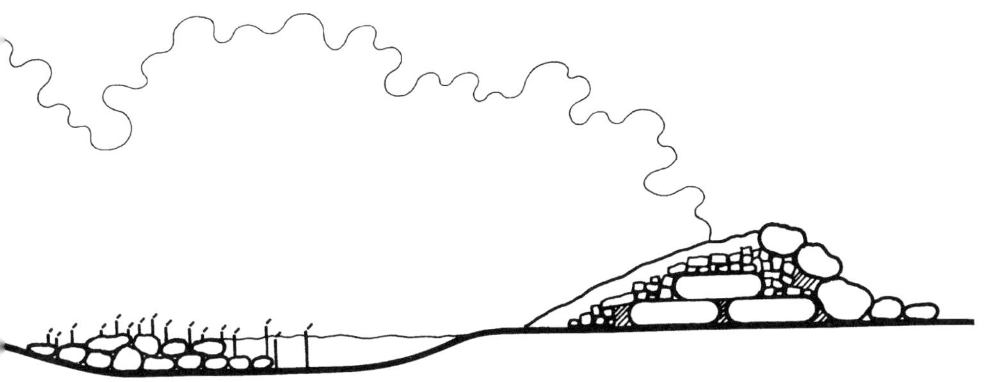

strophale Ist-Situation ein beachtlicher Fortschritt wäre. Die sichtbare Wasserfläche kann sich auf die Größe eines Waschbeckens beschränken; der Rest – vorschlagsweise ein bis zwei Quadratmeter – bleibt unter moosbedeckten Steinen und Erde verborgen. So bleibt das Wasser sauber, frisch und kühl. Der australische Ökologe Bill Mollison (Permakultur) geht noch einen Schritt weiter. Seine Wachteltränken sind unter Felsvorsprüngen angelegt, für den Menschen überhaupt nicht zu sehen, für die dankbaren Wachteln aber flink zu erreichen. Wenn es möglich ist, dem mörderischen Wüstenklima permanent wasserführende Hohlräume abzuringen, sollte es auch uns möglich sein, eine Wasserstelle in die Hecke zu zaubern, die jeder Trockenperiode widersteht. Eine schönere Herausforderung an uns Heckengärtner vermag ich mir kaum vorzustellen.

Alle Lebensräume, die wir der Benjeshecke mit auf den Weg geben, müssen sorgfältig versteckt und für Spaziergänger uninteressant gemacht werden. Das soll ja mal kein Abenteuerspielplatz für betongeschädigte Großstadtkinder werden, sondern ein langsam entstehendes Paradies, das uns in respektvoller Distanz durch den Gesang der Vögel, das Summen der Bienen und das Rascheln der Mäuse an dieser Pracht teilnehmen läßt, auch ohne darin herumzutrampeln. Raffiniert versteckte, von erfahrenen Tierfotografen entworfene Schutzhütten können die spätere Heckenlandschaft tou-

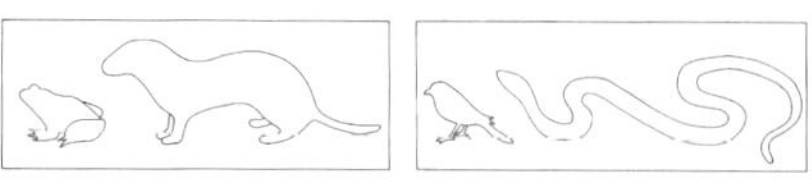

Dauerhafte Hohlräume unter und über der Erde – daran herrscht Mangel. Alles wird plattgewalzt, eingeebnet, weggeräumt. Übrig geblieben ist eine versiegelte Landschaft – ohne Hohlräume. Warten wir darum das Heranwachsen der Hecke nicht erst ab! Wir geben ihr von Anfang an einen Lesesteinhaufen mit auf den Weg. Und dann noch einen! Alle 100 Meter einen.

ristisch erschließen; selbstverständlich kind- und behindertengerecht.

Der mit Erde abgedeckte, schattige Nordhang des Lesesteinhaufens wird sich mit den Jahren einen schönen Pelz aus Moos zulegen. Blick- und Sonnenschutz gewährt ein von uns dahingepflanzter Holunderbusch, dem gelegentlich die Zweige gestutzt werden müssen, falls diese die heißen Steine der Sonnenseite beschatten, die ja den Eidechsen als Fliegenfalle dienen sollen und später einmal das bevorzugte Ziel der Ringelnatter sein werden. Auch die Heckenrose vermag dem Lesesteinhaufen ein uriges Aussehen zu geben, während die schnellwüchsige Brombeere dazu neigt, alles unter sich zu begraben, um den Platz nicht mit der Brennessel teilen zu müssen. Diese eigentlich sehr schöne Eigenschaft der Brombeere kann an anderer Stelle der Hecke ganz bewußt zur Schaffung einer undurchdringlichen Dornengestrüppbarriere genutzt werden, die besonders der Feldhase zu schätzen weiß und eine Reihe von Vögeln, die gern in Bodennähe brüten, wie etwa der Zaunkönig oder die Nachtigall. Sollte die Sukzession in der Krauthecke durch standortangepaßte Brombeeren nicht vom Fleck kommen, müßte diese vitale, immergrüne reichblühende und fruchttragende Heilpflanze eben als das akzeptiert werden, was sie ja tatsächlich auch ist: ein besonders wertvoller Heckenstrauch! Die Gelegenheit ist

__Bäume in der Hecke__ sind im wahrsten Sinne des Wortes von überragender Bedeutung. Hier finden nicht nur die Greifvögel ihren Ansitz; Bäume sind Ruheplätze für Durchzügler und Sprungbretter für den Weiterflug. Sie werden auch gerne als Singwarte der Heckenvögel genutzt und sind Lebensraum für bis zu 300 Tierarten, hauptsächlich Insekten. Vom Licht umschmeichelt und der deformierenden Enge des Waldes enthoben, entfalten Bäume in der Hecke ein Formenspiel, das uns Menschen zu jeder Jahreszeit erhebt und bewegt. Bäume sind landschaftsprägend, aber sie prägen auch uns.

günstig und der Aufwand gering; was also hindert uns daran, die Hecke an dieser Stelle erneut mit einem Sonderbiotop aufzuwerten?

Wie wäre es mit einem Holzrotteplatz? Dazu müßten Baumstubben herangeschafft werden. Die Förster sind froh, dieses unverkäufliche Holz loszuwerden, und ein freundlicher Bauer, der uns Pferd und Wagen oder seinen Trecker leiht, wird sich schon finden lassen. Baumstubben verrotten nur sehr langsam; uns kann das nur recht sein. So ein Holzzersetzerparadies kann mit einer Lebensdauer von 15 Jahren rechnen, und »das ewige Leben« ist ihm sicher, wenn hin und wieder mal ein paar Stubben nachgelegt werden!

Igel, Dachs und Grünspecht sind ganz scharf auf diese Stellen in der Hecke (oder am Waldrand) und lassen sich gerne – immer der Nase nach – aus der Tiefe des Waldes weit in die Landschaft hinauslocken. Mit dem Heranschaffen der Stubben ist es aber noch nicht getan. Wir haben dafür zu sorgen, daß der Kontakt mit feuchter Erde hergestellt wird und auf Dauer bestehen bleibt. Es genügt, die Grasnarbe abzuschlagen und die Erde mit dem Spaten etwas zu lockern. Bevor wir jetzt aber die Stubben plazieren und stapeln, gehen wir nochmal in den Wald, um ein Gemisch aus feuchter Walderde, Laub und Mulm zu holen. Zwei bis drei Eimer dürften reichen. Damit infizieren wir den Boden der Hecke und geben der langsam einsetzenden Holzrotte durch geeignete Bakterien, Pilze und Zersetzer einen fliegenden Start. Die vorher vorsichtig zur Seite geräumten Brombeeren werden anschließend Ranke für Ranke zurückgebogen, um die Holzrotte so schnell wie möglich zu beschatten. Der Platz ist jetzt immer noch zu schade, um ihn ausschließlich den Brombeeren zu überlassen. Ein mit Mulm gedüngter Boden ist nämlich ein bevorzugter Standort für die ansonsten recht schwierige Eberesche. In den ersten Jahren braucht dieser herrliche Baum unsere Hilfe; man muß ihm Brennesseln und Brombeeren vom Halse halten. Aber dann zieht die Eberesche auch ab und dankt uns die Starthilfe mit einer Beerenpracht, die wohl zum Schönsten gehört, was Waldrand und Hecke zu bieten haben. Ein weiterer Lebensraum, der leicht einzurichten ist und in keiner Hecke fehlen sollte, ist der Heckenkompost. Er nutzt das Material, das bei der abschnittweisen Pflege der Heckenränder und Wildäsungsbuchten anfällt. Diese Flächen müssen nach einem Pflegeplan mit der Sense gemäht werden, um den Bienen immer etwas Blühendes bieten zu können und um die unweigerlich eintretende Verbuschung hier zu vermeiden. Die Mahd bleibt keineswegs einfach liegen, da die Heurotte die stickstoffliebende Brennessel und andere unerwünschte Pflanzen begünstigen würde. Diese Flächen sollen regelrecht ausgemagert werden, um hier Blütenteppiche entstehen zu lassen (mehr darüber in einem späteren Kapitel).

Man werfe die Mahd im angewelkten Zustand – und nicht etwa als Heu – auf eine gestrüppfreie Insel in der Benjes-, Kraut- oder Feldhecke. Um sich aber gegen Müllmuffel abzusichern, die aus mir unerklärlichen Gründen ständig auf der Suche nach Stellen sind, wo man Zigarettenschachteln, Bierflaschen und den Badezimmer-Renovierungsschutt bei Nacht und Nebel hinschmeißen kann, dürfen die Heckenkomposte als solche gar nicht zu erkennen sein.

Was sich in und unter diesem Haufenkompost abspielt, ist jedem Kleingärtner bekannt: Regenwürmer, Asseln, Käfer und Spitzmäuse richten sich häuslich ein und werden jetzt ihrerseits zum Zielpunkt von Tieren, die es hier ohne diese Trittsteinbiotope gar nicht geben würde. Während die Krauthecke – von Kräutern durchwuchert – dem Igel schon allerhand zu bieten hat, kann eine im Spätherbst angelegte Benjeshecke natürlich noch kein geeigneter Standort für

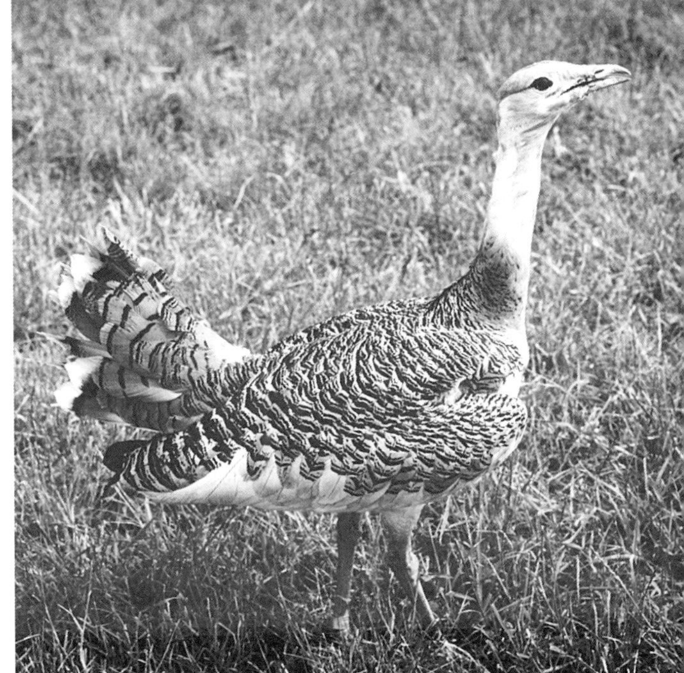

Die Großtrappe *wird heute kaum noch in die Bratröhre geschoben, dazu ist dieser schmackhafte Vogel einfach zu selten geworden. Sein Hauptbrutrevier wird übrigens demnächst von einer Neubautrasse der Deutschen Bahn AG durchschnitten, die sich vielleicht schon bald damit rühmen kann, diesen größten Vogel Europas mit Hochgeschwindigkeitszügen endgültig und für immer in die ewigen Jagdgründe verscheucht zu haben.*
Aber auch Heckenzüge können der Großtrappe gefährlich werden; sie braucht - besonders in der Brutphase - die freie Sicht nach allen Seiten und das möglichst bis zum Horizont. Darum ist dieser Vogel auch zum Wappentier der Heckengegner geworden, die leider nicht so selten wie dieser Vogel sind. ***Foto: R. Francke***

ein zugfreies Winterquartier sein. Ein paar Strohballen können hier nachhelfen und mit wenig Aufwand ein lauschiges Versteck entstehen lassen. Dazu werden sechs feste Strohballen im Geviert so angeordnet, daß in der Mitte ein kleiner Hof entsteht, der mit Laub bedeckt wird. Dann füllen wir die Öffnung mit trockenem Gras, das sich mit einem Rechen leicht von Wegrainen abharken läßt und treten die Auspolsterung fest. Mit zwei darüber gelegten Brettern und einem Stück Teerpappe (Regenschutz) wird das zukünftige Winterquartier abgedeckt. Die Dachkonstruktion besteht aus drei bis vier Strohballen, die auch bei großer Kälte genügend Schutz bieten. Der Igel sucht und findet diese Haufen instinktiv und muß keineswegs von übereifrigen Mitmenschen zu seinem Glück gezwungen werden. Den Abschluß bildet die Gestrüppeinhüllung. Ein Sack Laub, den wir handvollweise von allen Seiten durch das Gestrüpp werfen, läßt die hellen Strohballen etwas älter aussehen, so daß sie kaum noch auffallen und nach dem ersten Regen auch optisch wunderschön mit der Gestrüppbarriere verschmelzen. »Nachschauen, ob schon einer drin ist«, kommt natürlich nicht in Frage. Wer uns nicht glaubt, daß der Igel wie auf Bestellung angetanzt kommt, den lassen wir zur Strafe mit der wurmenden Möglichkeit allein, daß ja vielleicht doch schon einer drin sitzt. Mit Sicherheit sitzen Mäuse drin, und darum kann es nicht falsch sein, einen ganzen Wintervorrat an Eicheln, Haselnüssen, Samen, holzigen Kohlrabis, Steckrüben und Möhren gleich mit hinein zu packen.

Haselnüsse, die von jeder Mäuseart anders angeknabbert werden, geben uns im Frühjahr genauestens Auskunft darüber, wer alles einquartiert war. Für den Igel übrigens ein vielversprechender Anfang, wenn er im Frühjahr gleich nach dem Erwachen aus dem Winterschlaf ein ganzes Nest voller Mäuschen vernaschen kann. Er wird sich diese Adresse merken und das vom Heckengärtner immer wieder hergerichtete Winterquartier in fauchenden Revierkämpfen gegen Eindringlinge verteidigen. Schon aus diesem Grunde darf das Igelversteck in der heranwachsenden Hecke kein Einzelobjekt bleiben.

Meine Erfahrungen gehen dahin, daß die Abstände zwischen den einzelnen Haufen um so kleiner sein sollten, je weiter wir uns inzwischen vom Waldrand bzw. dem nächstgrößeren Biotop entfernt haben. Es würde sicher zu weit führen, schon heute die Abstände zwischen den Sonderbiotopen in der Hecke einer Regel zu unterwerfen; das muß der Heckenforschung überlassen bleiben. Mit etwas Gespür und einer gehörigen Portion gesundem Menschenverstand lassen sich aber Anhaltspunkte ermitteln, die durch systematische Beobachtungen und Erfahrungsaustausch praktikabel und weiterführend formuliert werden können. Es hat sich herausgestellt, daß sich das brauchbare Spezialwissen in schwer verwertbaren Bruchstücken auf Naturschützer, Biologen, Imker, Gärtner, Landwirte, Förster und Jäger verteilt. Schon daraus ergibt sich die Notwendigkeit, mit diesem Personenkreis dauerhaft im Gespräch zu bleiben.

Wir werden Fehler machen, aber keinen Schaden anrichten.

Hecken im Wind

Wem wäre denn damit gedient, daß wir die Kirche schon von weitem nackt aus der Erde ragen sehen? Hecken machen das allmähliche Näherkommen für Wanderer und Radfahrer so abwechslungsreich und spannend wie die langsame Einfahrt eines Personenzuges in eine vorher nie besuchte wunderschöne Stadt.

Klimaanlage:
Ein eisiger Wind fegte über die Felder und verschlug uns fast den Atem. Wir wollten schon umkehren, der Kinder wegen, da kamen wir an einer Hecke vorbei und erlebten ein kleines Wunder. Auch den Kindern fiel sofort auf, daß der Wind gebremst worden war. Es war übrigens die gleiche Hecke, hinter der wir im Sommer einmal Schutz vor der Mittagshitze gefunden hatten.

Als dem Griechen Empedokles vor 2400 Jahren geklagt wurde, der Wind trockne die Felder aus, empfahl der den Bauern, Eselshäute aufzuspannen. Sein Rat hat sich als überaus fruchtbar erwiesen und wird in abgewandelter Form noch heute befolgt. Da es nicht genügend Eselshäute gab, aber Steine im Überfluß herumlagen, ist man sehr bald dazu übergegangen, Windschutzwälle (Xerolithen) aufzuschichten, mit denen die windgepeitschten Felder von allen Seiten geschützt und eingeschlossen wurden. Dabei wird den Bauern aufgefallen sein, daß es im Windschatten der Mauern verstärkt zur Taubildung kommt. Rechnet man den günstigen Umstand hinzu, daß eine windgeschützte Pflanze ja auch weniger Wasser verbraucht und der Boden, auf dem sie wächst, nicht ganz so viel Wasser verdunstet, dann wird verständlich, daß die Bauern der Antike trotz geringer Niederschläge relativ gute Ernten erzielt haben.

In Frankreich sind die Kelten wahre Meister in der Kunst gewesen, Wasser aus der Luft zu zaubern. Sie haben natürlich auch gewußt, daß der Tau um so ergiebiger ausfällt, je kühler der Boden ist, über den die feuchte Luft hinwegstreicht. Folgerichtig sind sie auf die Idee gekommen, ihre ummauerten Felder in Kaltluftteiche zu verwandeln, um die Luft noch besser melken zu können. Als Kaltluftquelle diente ihnen dabei ein originelles, bienenkorbartiges Bauwerk (Borie), das oben mit Lufteinlaßschlitzen versehen war. Die herein-

Das ist nun auch schon wieder ein paar Jahre her. Die Hecke ist inzwischen verschwunden – wie so viele Hecken. Sie wird einem Bauern im Wege gestanden haben. Spaziergänger müssen sich jetzt wieder besonders warm anziehen. Aber was machen die Leute im Sommer? Ich habe einen Bauern, der gerade vorbeikam, gefragt. Der meinte, das Problem sei gelöst, die neuen Trecker würden auf Wunsch mit Klimaanlage ausgerüstet.

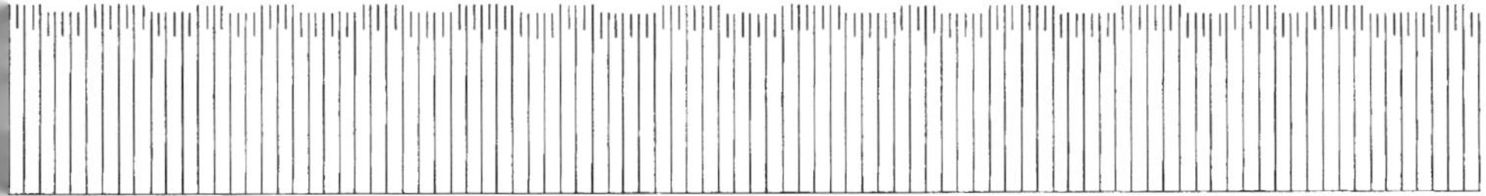

strömende Luft wurde im Gemäuer der Deckengewölbe abgekühlt und infolge der daraus resultierenden Schwere nach unten gedrückt, wo sich die abgekühlte Luft durch eine Öffnung in den Kaltluftteich ergießen konnte. Steinerne Zeugen ähnlich genialer Bewässerungsprojekte sind aus Israel (Masada!) und Peru überliefert.

Mauern sind auch heute noch sinnvoll, wenn das Baumaterial, also geeignete Steine in großen Mengen vorhanden sind und nicht über weite Strecken herangeschafft werden müssen.

In Schleswig-Holstein mußte in Ermangelung von Steinen ein anderer Weg beschritten werden, um der Winderosion und den Stürmen Einhalt zu gebieten. Dort wurden Erdwälle aufgeschichtet und mit Sträuchern oder Bäumen bepflanzt. Während die Abrißkante einer Mauer bei Sturm zu Ernteschäden führen kann (Turbulenzen walzen das Korn nieder), sind die Wallhecken in Schleswig-Holstein wegen der teildurchlässigen Strauchsilhouette in der Lage, die unheilvolle Energie der Stürme zu bändigen.

Die uns heute völlig unglaublich erscheinende und unbegreifliche Vernichtung von 30 000 (in Worten: dreißigtausend!) Kilometern Wallhecken durch die Flurbereinigung muß nicht etwa nur gestoppt, sondern selbstverständlich in ihr Gegenteil verwandelt werden.

Die z.T. auch heute noch zuständigen Flurbereiniger und Agrarexperten von damals, werden uns heute ungeniert als Ökologie-

Terrassenbau ohne Bagger und Mauern

Je steiler der Hang, desto größer die Erosionsschäden, die durch Kunstdünger ersetzt werden müssen (Raubbau). Heckenzüge, die den Höhenlinien folgen, bringen die Humusabschwemmung zum Stillstand (natürliche Terrassenbildung). Die Hangsicherung ist jetzt nur noch eine Frage der Heckenpflege. Die Flächenverluste durch Hecken sind der Preis für die Überlebensgarantie der Arten (einschließlich Mensch).

spezialisten angedient! Als Beamte unkündbar und für den angerichteten Flurschaden sowieso nicht regreßpflichtig zu machen, können diese Schreibtischtäter sorglos den Zeitpunkt der Pensionierung aussitzen und einer kaum vermeidbaren Verleihung des Bundesverdienstkreuzes froh entgegensehen.

Es soll hier nicht bestritten werden, daß ein Umdenken in den Behördensilos stattfindet; leider nach dem Motto, lieber viel zu langsam als ein ganz klein bißchen zu schnell. Überall dort, wo mäßige Windgeschwindigkeiten vorherrschend sind, kann auf die Wallhecke (Knick) zugunsten der normalen Feldhecke verzichtet werden. Sie bietet einen ausreichenden Windschutz und übt einen sehr günstigen Einfluß auf das Wachsen und Gedeihen der Pflanzen aus.

Es überrascht daher nicht, daß Feldhecken die Erträge der angrenzenden Acker- und Weideflächen meßbar und sichtbar erhöhen. In windgeschützter Lage kann nämlich die für das Leben auf der Erde alles entscheidende Kohlenstoffassimilation der Pflanzen bei weit geöffneten Spaltöffnungen der Blätter stattfinden. Bei starkem Wind müssen diese Spaltöffnungen an der Blattunterseite zur Vermeidung von Verdunstungsverlusten vorübergehend geschlossen werden. Dadurch kommt das Pflanzenwachstum – auch am hellichten Tage – fast zum Stillstand – bis wieder Windruhe eintritt. Wo aber diese Windruhe im Schutze eng vernetzter Heckenzüge ständig gegeben ist, treffen ungemein wirksame Einflüsse, die sich auch gegenseitig noch bestärken, aufeinander:

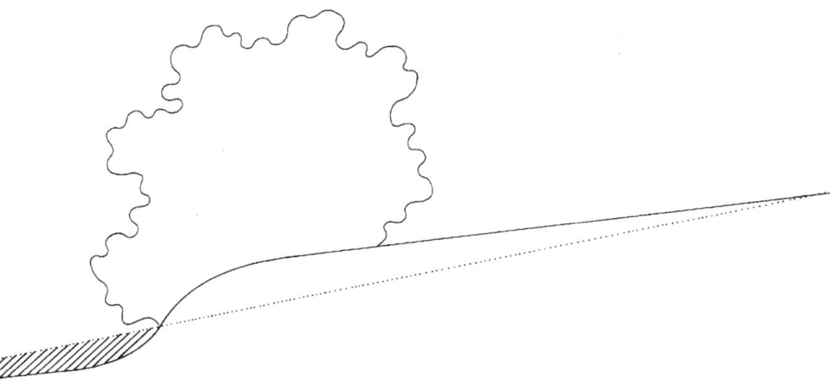

1.) Erhöhte Taubildung durch Hecken; ausbleibender Regen wird besser verkraftet.
2.) Relativ geringer Wasserbedarf der Pflanzen durch reduzierte Verdunstungsverluste. Die vorhandene Bodenfeuchtigkeit hält also länger vor und reicht in der Regel bis zum nächsten Regen.
3.) Gleichmäßiges Wachstum. Dadurch erhöhte Vitalität = größere Widerstandskraft der Pflanzen gegen Krankheiten und Schädlinge, die erfahrungsgemäß erst durch Extremsituationen (Wachstumsstockungen) begünstigt werden.
4.) Gesunde Ernten ohne den Einsatz von (jetzt überflüssigem) Gift und ohne Trinkwasserverschwendung durch energiefressende und ökologisch bedenkliche Beregnungsanlagen.

Hier werden mit anderen Worten die Voraussetzungen für den Ökolandbau der Zukunft geschaffen. Leben im Einklang mit der Natur – Mollison hat dafür den Begriff Permakultur geschaffen – ist ohne Hecken nicht einmal vorstellbar, geschweige denn möglich. Auch das kleinere Ziel, die Muttermilch von Cadmium und anderen Giftstoffen zu befreien, kann langfristig nur in einer Heckenlandschaft mit Aussicht auf Erfolg erreicht werden.

Die im Nahbereich der Feldhecke durch Schattenwurf verursachten Ertragseinbußen kann man vergessen; sie werden um ein Mehrfaches übertroffen durch die im Windschatten erzielbaren Ertragssteigerungen.

Noch viel bedeutsamer – und in der Dritten Welt schon eine Frage, die über Leben und Tod entscheidet – ist die erosionshemmende Wirkung der Hecken. Was der Wind nicht davonträgt und der Regen nicht abschwemmen kann, braucht dem Boden auch nicht in Form von Kunstdünger zurückgegeben werden. Jedes Jahr gehen Millionen und aber Millionen Tonnen feinster Humuserde durch die Erosion unwiederbringlich verloren. So sind weite Teile des Getreidegürtels der USA von der Versteppung und in zunehmendem Maße sogar von einer totalen Verwüstung bedroht, weil im Wege stehende Wälder, Bäume, Büsche und Hecken dem gigantischen Maschineneinsatz und einer wahnwitzigen Landwirtschaftspolitik zum Opfer gefallen sind.

Nackte Erde ist eine Erfindung des Menschen, sie kommt in der Natur überhaupt nicht vor. Nackte Erde ist so verhängnisvoll wie eine blutende Wunde, die törichterweise nicht mit einer Binde versehen wurde. Gerade weil die moderne Landwirtschaft das Ackerland monatelang – beim Maisanbau bis in den Monat Mai hinein – nackt herumliegen läßt, wäre ein Erosionsschutz durch sinnvoll vernetzte Heckenzüge dringend geboten.

Zu den Vorzügen einer ausgeprägten Heckenlandschaft gehört zweifellos auch das besondere Klima. Warme Südseiten stehen auf engstem Raum einer feuchten Kühle der schattigen Heckenseite kontrastierend gegenüber. Man bekommt diese Temperaturunterschiede besonders deutlich beim Radfahren zu spüren: Da schlagen einem mitunter von einer Sekunde auf die andere kühle und warme Luftströme entgegen, vermischen sich zu einem angenehmen Temperaturgefüge, um sich schon hinter dem nächsten Busch wieder in Warm und Kühl aufzuspalten. Es ist nicht übertrieben, hier von einem besonders wirkungsvollen Heilklima zu sprechen, das z.B. den Kreislauf anregt, indem es ihn fordert und dadurch belastbar macht.

Wer dagegen nach einer Wanderung oder Radtour durch ausgeräumte Fluren endlich der schattigen Kühle des Waldes zustrebt, wird die Feststellung machen, daß sich ein sonnenstichähnlicher Zustand auch durch noch so lange Pausen nicht mehr ausgleichen läßt und noch lange in Form einer unangenehmen Mattigkeit nachwirkt.

Diese Erholungsdefizite, hervorgerufen durch mißbrauchte Landschaften, machen den Menschen physisch krank und lassen es geraten erscheinen, diese krankmachenden Kultursteppen im Hochsommer zu meiden. Und genau das tun die Bundesbürger, wenn sie wenigstens einmal im Jahr ihre Heimat fluchtartig verlassen und diesen merkwürdigen Vorgang dann auch noch Urlaub nennen! Die Bedeutung dieser Urlaubsflucht ist von den Behörden längst erkannt worden: Im Falle einer Störfallkatastrophe bei Kernkraftwerken kommt keiner davon, wenn alle die Flucht ergreifen; das geben die Straßen und Autobahnen einfach nicht her. Also müßte sortiert werden. Die Lösung ist einfacher als man glaubt und durch die Urlaubsgewohnheiten bestens eingespielt: Oma hütet das Haus und die anderen machen sich aus dem Staube!

Das selbstverständliche Recht, einen angenehmen Urlaub in fernen Ländern zu »verleben«(!), leiten die reiselustigen Bundesbürger aus der hirnrissigen Feststellung ab, daß sie sich den ja auch leisten können. Sie finden es daher auch völlig normal, wenn der arbeitslose Nachbar nicht in den Urlaub fährt, weil er sich das finanziell eben nicht leisten kann. Diese merkwürdige Gesinnung hat Tradition; früher waren Auslandsreisen das Privileg des Adels und der Wohlhabenden. Auch heute entscheidet nicht etwa die Erholungsbedürftigkeit der Kinder über die Reise ans Meer, sondern die Frage, ob denn der Aufenthalt in der Erholungslandschaft auch »verdient« wurde!

Das Recht der Bundesbürger auf Urlaubsreisen in ferne Länder muß also auch aus moralischen Gründen angezweifelt werden, aus ökologischen Gründen sowieso. Oder soll man etwa 100 Millionen Indern das Recht einräumen, die Bundesrepublik Deutschland auch einmal persönlich kennenzulernen?

Ich vermag im Zu-Hause-bleiben-Müssen eines Arbeitslosen nichts Tragisches zu erkennen, so lange er ein Leben führen kann, um das ihn mehr als die Hälfte der Menschheit beneidet. Seine Situation wäre zweifellos leichter zu ertragen, wenn auch den Arbeitsbesitzern der Fernurlaub gestrichen würde. Der vorschlagsweise ökologisch bedingte Verzicht auf Massen- und Ferntourismus würde allerdings die Tresore der Banken zum Platzen bringen.

Wozu jahrelang für einen Wohnwagen schuften (während der arbeitslose Nachbar in der Sonne liegt), wenn einem anschließend der Stellplatz verweigert wird, mit dem sich früher doch so schön die Flußlandschaften verschandeln ließen? Dann könnte man ja auch gleich seinen Arbeitsplatz mit einem Arbeitslosen teilen; eben! Und mit weniger Geld trotzdem prima über die Runden kommen. Richtig, weiter so? Und man hätte das Recht, den 100 Millionen Indern einmal knallhart zu sagen: Bleibet im Lande und nähret Euch redlich. Na endlich? Und man müßte nicht länger befürchten, daß die Menschenrechtskommission der UNO möglicherweise doch einmal auf den naheliegenden aber unschönen Gedanken kommt, alle Bedürftigen der Dritten Welt endlich einmal für vier Wochen auf Urlaub nach Europa zu schicken. Man stelle sich das bitte einmal vor, die Bundesrepublik würde zur Aufnahme von – sagen wir mal 20 Millionen – Asiaten verdonnert?

Der schweißgebadete Leser möge diesen Gedanken nicht zu Ende denken, ich habe es ja auch nicht getan, um zu verhindern, daß Aufgestautes aus den Rattenlöchern der Seele hervorgekrochen kommt, wie etwa der Hoffnungsschimmer, daß die Atomwaffen vielleicht doch mal ganz nützlich sein werden, wenn es darum geht, den Überfluß gegen heranquellende Hungerleider erfolgreich zu verteidigen.

Wir müssen wegkommen von der wahnwitzigen Vorstellung, daß man die Heimat ruhig kaputtbetonieren und totspritzen darf, so lange die Paradiese ferner Länder mit einem günstigen Urlaubskredit der Bank erreicht werden können. Mit welchem Recht zertrampeln und zerstören wir die Lebensräume und Kulturen ferner Länder?

Soll denn einer, der die eigene Ehefrau krankenhausreif prügelt, mit der feschen Frau des Nachbarn ins Bett steigen dürfen, sozusagen als logische Folge, bis auch sie schließlich gegen etwas Jungfräulicheres ausgetauscht werden muß? Der Massen- und Ferntourismus entbehrt nicht nur jeder ökologischen und moralischen Grundlage, er verschärft auch die Ozonloch-Gefahr durch die ständige Ausweitung des Luftverkehrs und pervertiert damit zu einer Unverfrorenheit gegenüber kommenden Generationen, die kaum noch zu überbieten ist.

Wir müssen uns ganz schnell etwas einfallen lassen, nachdem sich herausgestellt hat, daß Pflanzen, Tiere und Menschen in einem Boot sitzen – und zwar in dieser Reihenfolge!

Wir sitzen in einem Boot, das einige von uns fest in der Hand zu haben scheinen, aber wir wissen doch längst, daß die Richtung schon lange nicht mehr stimmt, und wir sehen jetzt auch ganz klar, daß unser Schiff auf einen Abgrund zusteuert.

Steuermann, Offiziere und Kapitän haben die Passagiere erstaunlich gut im Griff. Sie verstehen ihr Handwerk und haben es noch allemal geschafft, die nur laienhaft beunruhigten Passagiere professionell zu beruhigen. Das Ufer gleitet allerdings immer schneller vorbei und aus der Ferne ist ein Wasserfall zu hören. »Günstige Strömung«, beruhigt der Kapitän, also doch nichts Ernstes. Ein Passagier richtet sein Fernglas auf das Ufer.

»Was siehst Du?« Er zögert. »Sag schon!«
»Ich sehe einen Mann – mit Spaten.«
»Na und?«
»Du, er gräbt ein Loch!«
»Na wenn schon! Das heißt ... er wird doch nicht etwa ...?«
»Doch, er pflanzt einen Apfelbaum ...«
»O Gott!«

Die Vernetzung von Lebensräumen

Der Gedanke, auch völlig ausgeräumte und verunstaltete Landschaften in Urlaubs- und Erholungsparadiese zu verwandeln, bleibt natürlich ungedacht, solange wir den Hecken keine Beachtung schenken.

Um seinen Acker erreichen zu können, mußte der Bauer noch vor 100 Jahren vielerorts die Felder seiner Nachbarn überqueren, was oft zu Streitigkeiten führte, wie man sich leicht denken kann. Das Pflugwenderecht und ähnliche Verordnungen und Gesetze sind Überbleibsel aus jener Zeit, die trotz der Flurbereinigung noch heute Gültigkeit haben, aber größtenteils überflüssig geworden sind.

Im Laufe eines Jahrhunderts ist ein Feldwegenetz entstanden, das mit deutscher Planungsperfektion jeden Acker, jede Wiese und jeden Wald gut erreichbar werden ließ.

Man mag zur Flurbereinigung stehen wie man will, eins kann man ihr nicht vorwerfen: das Feldwegenetz wäre zu engmaschig ausgefallen oder man sei über das Ziel hinausgeschossen – wie etwa bei der Beseitigung von Hecken und Feldgehölzen.

Das Ziel, jeder Acker müsse ohne Rücksicht auf die Besitzverhältnisse der Anlieger zu jeder Jahreszeit betreten und befahren werden können, war derart einleuchtend und auch wünschenswert und praktisch, daß allerbeste Aussichten auf einen durchschlagenden Erfolg von vornherein und ohne jeden Zweifel gegeben waren. Dem entsprach dann auch das Ergebnis! Es gilt nun, der Flurbelebung durch Hecken, Weg- und Ackerraine ähnlich günstige Ausgangsbasen zu verschaffen, damit das Vorhaben, die vorhandenen und erst noch zu bildenden Lebensräume mit Feldhecken zu vernetzen, im Laufe einer Generation, also bis spätestens zum Jahre 2020, abgeschlossen werden kann.

Wem es dazu an der rechten Motivation noch fehlt, der möge doch bitte bedenken, daß eine Landschaft, die nur zu 5% aus Hecken und intakten Rainen besteht, auch den restlichen 95% der Agrarlandschaft das Prädikat Lebensraum einhauchen würde, sobald den Landwirten der Gifthahn zugedreht wird. Schwammig formulierte Ziele lassen sich durch faule Kompromisse besonders leicht verwässern; darum ist es nötig, dem Postulat eine Konkretisierung mit auf den Weg zu geben, die schon im Ansatz erkennen läßt, daß die Landschaft in ihrer Gesamtheit und nicht etwa nur die Landwirtschaft unter Naturschutz gestellt werden muß. Nicht durch Papier, sondern durch Taten!

Wir müssen von der Vorfreude auf diese wahrhaft menschenwürdige Umwelt erfaßt werden, um uns das Ziel von Teilerfolg zu Teilerfolg immer nuancenreicher und durchführbarer vorstellen zu können.

***Zwischen Grünland und Acker** sollte möglichst eine Hecke liegen. Fällt der Schatten auf die Wiese, können ein paar Bäume mehr geduldet werden. Gut versteckte Schutzhütten für den atemberaubenden Fotoansitz oder genießerisches Beobachten mit dem Fernglas (bei jedem Wetter und zu jeder Jahreszeit!) sind kind- und behindertengerecht in der Heckenlandschaft zu plazieren. Das zahlt sich aus; lockt jedenfalls mehr Feriengäste in die Hotelbetten, als die Betonkübel in der Fußgängerzone.*

Mein Flurbelebungs-Postulat steht auf vier Säulen:

1.) Die maximale Größe eines Ackers betrage 5 Hektar (auch in Ostdeutschland mit seinen bis zu 500 Hektar großen »Schlägen«). Für Wiesen und Weiden gilt das Gleiche.

2.) Jedes Feld, jede Wiese und jede Weide muß mindestens an einer Seite durch eine Hecke oder durch einen Waldrand begrenzt werden.

3.) Nahezu alle Hecken und in der Landschaft liegenden Lebensräume wie Feldgehölze, Ödlandflächen, Teiche, Seen, Gräben, Bäche, Flüsse, Viehhütten, Feldscheunen, Aussiedlerhöfe (!), Kiesgruben, Sportanlagen usw. sind miteinander und untereinander zu vernetzen, auch und vor allem durch Hecken.

***Gerade im Winter** kommt die Vernetzungsfunktion der Hecke sichtbar zum Vorschein: Spuren im Schnee, hin und her, Hase und Huhn, Tag und Nacht!*

4.) Massentierhaltung und die Vergiftung und Plünderung der Böden wird zugunsten des Ökolandbaus eingestellt.

Die Feldgrößenbeschränkung wird sich relativ leicht durchnetzen lassen, da diese Forderung von den meisten Bauern ohnehin schon erfüllt wird. Betroffen sind Großbauern, die in Presse, Industrie und Politik über eine profitorientierte Lobby verfügen. Sobald sich der Aufschrei gelegt hat und diese Leute begriffen haben, daß wir es ernst meinen, wird es sehr still um diese Schlaggrößenreduzierung werden, wie sich das für eine ökologische Selbstverständlichkeit gehört, die man immer nur am Anfang und dann auch nur den Dummen als existenzgefährdend und »in der Sache falsch« verkaufen kann.

Man komme mir an dieser Stelle nicht mit dem Vorwurf des Bauernlegens, denn die hunderttausendfache Existenzvernichtung bäuerlicher Familienbetriebe ist eine Folge und Spezialität unserer hochgelobten Industriegesellschaft und nicht etwa die Folge einer hier propagierten Rückbesinnung auf das, was wir kommenden Generationen schuldig sind!

Monokulturen bis zum Horizont, Massentierhaltung plus Grundwasserverseuchung, Ausbeutung der Böden mit Kunstdünger und Gift, auf Pump gekaufte Maschinenarsenale ...; hat diese Ent-

Urlaub an der Hecke
Wer schon mal an Hecken entlanggeradelt ist, kennt das Bedürfnis, hier - und nirgendwo anders - ganz plötzlich eine längere Pause einzulegen. Und wenn dann neun Monate später der Stammhalter endlich da ist, gesund und vital - wie bei Heckenkindern üblich, wer würde dann noch zögern, sich bis an das Ende seiner Tage für den Schutz dieser Hecke einzusetzen?!

wicklung denn etwa dazu geführt, daß sich die Bauern vor lauter Glück weinend und fassungslos in den Armen liegen?

Wir haben keinen Grund, dieser perversen Nachkriegsentwicklung auch nur eine Träne nachzuweinen, und man kann sich nur wundern, daß die Mehrheit der Bevölkerung, das Stimmvieh, diesem Kesseltreiben gegen alles Lebendige nach wie vor gleichgültig gegenübersteht. Mit der zweiten Forderung, alle Felder, Wiesen und Weiden wenigstens an einer Seite durch Feldhecken oder Waldränder zu begrenzen, wird die eigentliche Schallgrenze im Naturschutz endlich durchbrochen.

Das Betrachten einer ganz gewöhnlichen Flurkarte und die sich anschließende Begehung wird zum prickelnden Abenteuer. Penibel eingezeichnete Feldgehölze, Heckenreste und Einzelbäume, aber auch Hochstaudenraine, Gräben und Bäche geben erste Anhaltspunkte und Antworten auf die Frage, welche von den vier Seiten einer Wiese sinnvollerweise verheckt werden sollte. Da werden die Hauptwindrichtungen zu berücksichtigen sein, die Sonneneinstrahlung, eine eventuelle Hanglage und selbstverständlich die berechtigten Wünsche und Vorschläge der Bauern. Es wird auch vorkommen, daß überhaupt keine Hecken angelegt werden, weil z.B. wissenschaftlich untermauerte Wiesenvogelschutzprogramme in die umgekehrte Richtung zielen und aus Artenschutzgründen die freie

__Biotopvernetzung:__ Wo fange ich an? Sollen ausgeräumte Flächen zwischen zwei Biotopen überbrückt werden, so sei das wertvollere Biotop stets die Ausganposition und das kleinere Biotop das mit Hecken zu erreichende Ziel. Die von manchen Ökologen vertretene Ansicht, unterschiedliche Biotope sollten nicht miteinander vernetzt werden, läuft darauf hinaus, sich damit abzufinden, daß Biotopinseln von intensiver Landwirtschaft eingekesselt werden. Doch die Hecke vermag sehr wohl den Schilfgürtel mit dem entfernten Trockenrasen ökologisch sinnvoll zu vernetzen, da sie sich von der Öhrchenweide bis zur Schlehe den Unterschieden anzu passen weiß!

Sicht für z.B. Brachvögel und Störche geraten erscheinen lassen. Doch in über 90% aller Agrarlandschaften müssen Biotopverbundsysteme aufgebaut werden, und das geht nun mal nicht mit kreuz und quer durch die Landschaft gespannte Wäscheleinen!

Ob es eine »optimale« Vernetzung überhaupt geben kann, wird abzuwarten bleiben. Fest steht, daß verschiedene Möglichkeiten und Ansichten zu einer unterschiedlichen Gewichtung der Vor- und Nachteile von Streckenführungen führen werden und dabei auch immer eine gefühlsmäßige Komponente in Erscheinung treten lassen, die aus der Hecken-Netzplanung ein Kunstwerk entstehen läßt, ob wir das nun beabsichtigen oder nicht. Mit dieser vorläufigen Beschreibung eines faszinierenden Problems gebe ich den Ring frei für die wissenschaftliche Durchdringung. Biologen, Zoologen, Ökologen und Agrarwissenschaftler sind herzlich eingeladen, ihren Senf dazu zu geben. Und während die forschen, fangen wir schon mal an, Hecken aus dem Nichts zu zaubern. Lassen wir uns von den Kom-

Kein Weg geht daran vorbei, *und jede Hecke wächst in diese Richtung: Ökologischer Landbau, der von uns allen herbeiersehnte Menschen- und Naturschutz auf der ganzen Fläche. Corinna Wolff, die Tochter des Ökobauern Hans-Friedrich Wolff vom Lindenhof in Eilum bei Wolfenbüttel, dürfte inzwischen erwachsen sein - wie jene Hecken, die wir seinerzeit mit großer Begeisterung angelegt haben. Ob sie sich daran noch erinnert?*

petenzneurosen der »Fachleute« nicht beeindrucken: Mit Rücksicht auf Lehrstuhl und Beamtenstatus haben fast alle versagt und der Artenvernichtung nur ein leichtes Wedeln mit dem Zeigefinger entgegenzusetzen gehabt!

Darum schlage ich vor, wissenschaftliche Resultate nicht tatenlos abzuwarten, da wir uns sonst dem Vorwurf aussetzen, die Arten vielfalt in Ruhe zu Tode geforscht zu haben; siehe das Waldsterben in Deutschland.

Das gestiegene Umweltbewußtsein der Bevölkerung läßt bereits erkennen, daß die ersten drei Forderungen schneller als so manchem lieb sein wird, durchgesetzt werden können. Fehlt uns noch der letzte, der ganz große Brocken. Ist das eine realistische Forderung, die Massentierhaltung abzuschaffen und den Ökolandbau auf breiter Front das Erbe einer total gescheiterten Landwirtschaft antreten zu lassen? Wir werden auf jeden Fall die Faktoren Vorsicht und Geduld,

Hecken sind Finger an der Hand des Waldes
Den Tieren des Waldrandes erschließen sie einen immer größer werdenden Teil der Landschaft. Diese Lebensraumvergrößerung mildert den Feinddruck in den Wäldern und sichert dort das Überleben der bedrohten Arten. Was aber ist zu tun, wenn diese Finger an der Hand des Waldes so kurz sind wie der Finger an der Hand eines mir bekannten Tischlers? Dann verlängern wir ihn eben und tun das, wovon der Tischler nur träumen kann. Unser Traum aber geht mit einer Benjeshecke ganz schnell in Erfüllung!

Verständnis und Verantwortungsbewußtsein wie selten zuvor in die Waagschale werfen müssen und selbst dann noch unsere Probleme haben. Hektik und Ideologie sind hier entbehrlich. Wir müssen erkennen – je früher desto besser – daß der massenhafte Übertritt zur naturnahen Landbewirtschaftung eine böse Überraschung wäre, die wir uns lieber nicht wünschen sollten. Heilfroh können wir sein, daß die Mehrheit der Bauern noch nicht daran denkt, von heute auf morgen umzusatteln, denn sie hätten dann selbstverständlich auch Anspruch auf Beratung, und nicht einmal die kann flächendeckend geboten werden, weil es der Staat mit Rücksicht auf die Lobby der Industrie und der Bauernverbände (!!) an der notwendigen Unterstützung fehlen läßt.

Das ist die überraschend deprimierende Lage. Es fehlen Fachleute, die einem Gott gleich für jeden Bauern das richtige Wort und für jeden Betrieb die individuelle Lösung der Probleme inklusive Erfolgsgarantie anzubieten haben. Warum sollte übrigens ein Bauer

Die Heckenrose Rosa canina sollte in der Hecke immer reichlich vertreten sein. Sie bietet den Vögeln ein katzen-, marder- und elsternsicheres Bruthabitat von undurchdringlicher Schönheit. Doch sie hat noch mehr zu bieten: Als Bienen- und als Augenweide nimmt es dieser Strauch mit jeder Blume an der Hecke auf. Ihre Früchte, die Hagebutten, sind dreißigmal so reich an Vitamin C wie z.B. die Zitrone (1200 bis 1400 mg/100g). Hagebutten sind im Winter eine unverzichtbare und äußerst begehrte Nahrungsquelle für die Fasanen und Rebhühner.

plötzlich vor lauter Edelmut triefen, während der Konsument im Supermarkt verludert? Wo sind denn die Konsumenten, die es wert wären, daß der Bauer ihretwegen in einer Jahrhundertaufgabe über sich hinauswächst? Der viel zu hohe Lebensstandard des einen und die viel zu lange Arbeitszeit des anderen sind keineswegs dazu angetan, die beiden an einen Tisch zu bringen.

Die Inkonsequenz des Konsumenten zeigt sich bei der Frage des Bauern, höflich gestellt, ob er ihn weiter mit Gift berieseln darf, was dieser verneint. Wenn dann der gleiche Konsument als Wähler den Großzügigen spielt, sich die Giftfrage mit Wachstum, Auto und Arbeitsplatz vorsetzen läßt und diesen Pferdefuß mit einem deutlichen Ja begrüßt, ist alles geregelt: Für weitere 4 Jahre kann das Gift über Boden und Nahrungsmittel gleichmäßig verteilt werden!

Es ist abzusehen, daß der Konsument die gesteigerte Nachfrage nach Lebensmitteln aus biologischem Anbau als Druckmittel noch nicht stark genug einsetzt, um die moderne Landwirtschaft beeindrucken zu können. Man müßte aber blind sein, um nicht zu sehen,

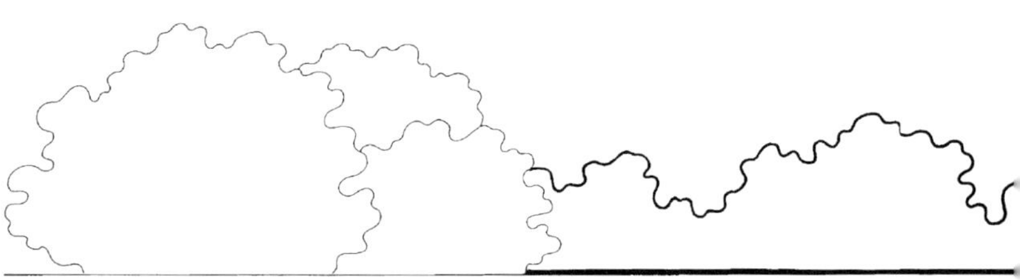

daß diesem zarten Druck auf seiten der Landwirtschaft die Bereitschaft entgegenwächst, den Einsatz von Kunstdünger und Giftstoffen einzuschränken.

Gespritzt wird jetzt angeblich nur noch, wenn es unbedingt sein muß. Wer das für eine Selbstverständlichkeit hält, kennt die deutsche und europäische Landwirtschaft nicht. Mit einem Werbeaufwand in Millionenhöhe wird dieses »etwas weniger Gift spritzen« als »Integrierter Anbau« verkauft und mit Hochglanzbroschüren auf die verunsicherten bzw. ahnungslosen Konsumenten losgelassen. Was hier geschieht, grenzt an Etikettenschwindel, denn man versucht den Eindruck zu erwecken, daß der ökologische Landbau auch keine besseren Lebensmittel hervorbringen kann, zumal doch beide gemeinsam auf ihren Feldern völlig schutzlos den Industrieabgasen ausgeliefert sind. Das ist gar nicht mal so ungeschickt gemacht. Gehen wir möglicherweise einem faulen Kompromiß auf den Leim? Das hängt von denen ab, die das veränderte Bewußtsein der Konsumenten und Bauern mit einer geradezu bewunderungswürdigen Ausdauer und Penetranz in den letzten 25 Jahren mit herbeigeführt haben. Bewegung ist schwer in Gang zu bringen, aber wenn die Kugel erstmal rollt, ist es leichter, sie am Laufen zu halten, als zum Stillstand zu bringen. Noch einmal: Wir können froh sein, daß die Umstellung auf ökologischen Landbau ruhig dahinplätschert und der Nachfrage

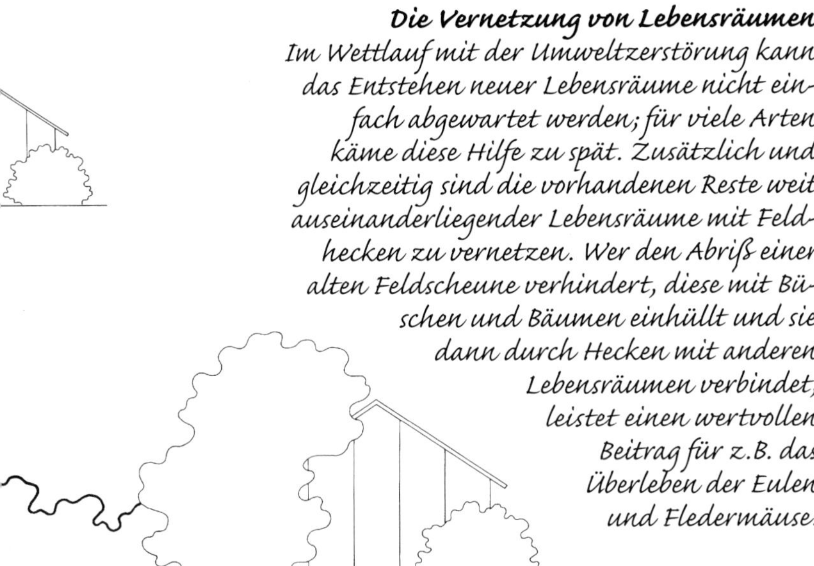

leicht hinterher hinkt. Ein lawinenartiges Anschwellen wäre natürlich eindrucksvoller, aber doch wohl kaum von Dauer.

Wir haben jetzt aber einen Punkt erreicht, der es sinnvoll erscheinen läßt, die Arbeit der Forschungsinstitute, Beratungsringe und Ausbildungsbetriebe im ökologischen Landbau den Berufswünschen der Jugend, dem absehbaren Verhalten der Verbraucher und der deutlich gewachsenen Umstellungsbereitschaft der Bauern anzupassen.

Jeder fühle sich aufgerufen, der rollenden Kugel einen finanziellen und ideellen Schubs zu geben, damit sie von den ruhigen Kugeln in Politik und Wirtschaft nicht angehalten wird, sondern ganz im Gegenteil diese durch einen kräftigen Anstoß selbst in Bewegung setzt und dadurch die entscheidende Kettenreaktion auslösen kann.

Freundschafts- und Patenschaftsverträge könnten das Ausbildungsziel der Lehrlinge und Studenten erreichen helfen. Diese Leute stehen dem Ökolandbau dann in einigen Jahren als Berater und Ausbilder zur Verfügung. So mancher Hof könnte die Ausbildung eines zusätzlichen Lehrlings übernehmen, wenn Wohnung und Ausbildungsbeihilfe zur Verfügung gestellt würden. Damit ließe sich die Zahl der Auszubildenden verdoppeln und verdreifachen!

Der Leser glaube nur nicht, daß es möglich ist, dem Umweltschutz pro eingesetzte (gespendete) Mark noch wirksamer dienen zu können, als durch die massive Unterstützung der Forschungsinstitute, Beratungsringe und Ausbildungsbetriebe im ökologischen Landbau.

Mit jeder Hofumstellung, die wir als Förderer mit herbeiführen helfen, entsteht eine giftfreie Zone, die das Prädikat Naturschutzgebiet verdient! Unter dem Gesichtspunkt der zunehmenden Bedeutung und Ausweitung des ökologischen Landbaus erhält die Vernetzung von Lebensräumen mit Feldhecken eine Dimension, die in ihrer ökologischen Kombinationswirkung noch gar nicht abzusehen ist. Kommen wir also doch noch einmal, »und sei es um Haaresbreite«, mit einem blauen Auge davon? Hoimar von Ditfurth hielt diese Annahme für kühn und lieferte uns damit ungewollt (?) das Stichwort für unser ganz persönliches Verhalten.

Worin könnte diese Kühnheit bestehen? Fragen wir anders: Wie wurde uns das Duckmäusertum gedankt? Klarer Fall; es wurde uns mit Großprojekten der Umweltvernichtung gedankt, und dieser Staat dankt immer noch; demnächst mit dem Bau einer überflüssigen Magnetschwebebahn zwischen Hamburg und Berlin, die dem Rhein-Main-Donau-Kanal zur Seite gestellt werden soll, damit der in seiner Entbehrlichkeit nicht immer so allein ist. Ich selbst habe diese Kühnheit mit vielen anderen an der Startbahn West vermissen lassen und kann es mir jetzt aussuchen: Soll ich stolz darauf sein, damals lammfromm und friedlich geblieben zu sein, oder soll ich mich schämen?

Heute würde sie nicht mehr durchzusetzen sein, aber damals haben wir versagt. Das Gegenteil von Kühnheit ist also Duckmäusertum, und das Gegenteil der mit Kühnheit verhinderten Daimler-Benz-Teststrecke bei Boxberg ist der dort praktizierte ökologische Landbau! Diese Kühnheit fürchtet ein naturfeindlicher Staat wie der Teufel das Weihwasser, und man wird gespannt sein dürfen, wie groß die »Dankbarkeit« des Staates bei der Durchsetzung ökologisch nicht verantwortbarer Ziele künftig sein wird. Ich rufe die Filmschaffenden, die Hobbyfilmer und Amateurfotografen auf, die Kühnheit der Betroffenen und die große »Dankbarkeit« des Staates in Foto- und Filmdokumenten der Nachwelt zu erhalten. Lassen wir die Kamera zur friedlichen Waffe gegen das Ökoperversikum werden, denn nichts ist entlarvender, als das Beweismittel Foto. Ich selbst ziehe seit 1981 mit Diavorträgen über die Dörfer und stelle auf zwei Leinwänden der Hölle das Paradies gleichzeitig gegenüber. Mit dieser einfachen Methode lassen sich haarsträubende Zusammenhänge problemlos in das Bewußtsein der Besucher brennen, die auch noch dankbar dafür sind. Da einem die Bilder das nächste Stichwort ge-

Falk Lutosch, Fortsamtsleiter aus Rotenburg an der Wümme, hat diese gewaltige Benjeshecke mit maschineller Unterstützung anlegen lassen. Was hier wie ein durchgehender Heckenzug aussieht, besteht in Wirklichkeit aus mehreren Teilabschnitten. Die Bauern können also an verschiedenen Stellen die Hecke durchfahren und ersparen sich lästige Umwege. Es hat sich übrigens herausgestellt, daß eine aus mehreren Abschnitten bestehende Hecke eine höhere Brutvogeldichte aufweist als ein ungeteilter Heckenzug. Wer hätte das gedacht?!

ben und die Sprache sowieso überlagern, muß man kein großer Redner sein, um ein am Thema interessiertes Publikum zu überzeugen. Ich vermute, daß es potentiellen Vortragsreferenten genau so geht wie mir damals: Man traut sich kaum, zum ersten Male vor ein wildfremdes Publikum zu treten.

Da dem Umweltschutz durch diese (überwindbare!) Hemmschwelle unverzichtbare Mitstreiter und Mitstreiterinnen verlorengehen, möchte ich ausdrücklich dazu auffordern, notfalls bei anderen Referenten und meinetwegen auch bei mir etwas Mut zu tanken. Man kann nicht reich dabei werden, aber das Publikum besteht aus lauter Barzahlern, die bei guter Ware die Münzen des Beifalls klimpern lassen! Auch mit großformatigen Fotos, die auf transportablen Stellwänden von Sparkasse zu Sparkasse wandern, lassen sich Menschen erreichen, die sich sonst wohl kaum in ein Gespräch ziehen ließen. In Fußgängerzonen, auf Wochenmärkten und an stark frequentierten Wanderwegen warten neue, noch nie ausprobierte Ideen, auf ihre Verwirklichung.

Wer seinen Beitrag lieber aus dem stillen Kämmerlein heraus leisten möchte, kann mit Leserbriefen ein zahlenmäßig wesentlich größeres Publikum erreichen. Hieb- und stichfeste Leserbriefe sind eine wichtige flankierende Maßnahme (kommt von Maß nehmen!), die das breite Publikum reif und mürbe machen hilft. In keiner Samstagsausgabe fehlen sie, die kleinen Gedichte, die angeblich kaum einer wirklich liest und doch ein sicheres Publikum haben, gerade weil sie so kurz sind und »nur eben mal ganz kurz« gelesen werden können. Und immer bleibt was hängen! Wer also die Gabe hat, den »Sommer an der Hecke« mit einem Vierzeiler auf der Zunge zergehen zu lassen, der gönne doch dem Zeitungsleser dieses kurze Vergnügen, das dann im Verborgenen weiterblüht und aus dem Unterbewußtsein heraus geheimnisvolle Wurzeln schlägt.

Wenn dann irgendwann einmal über das Thema Hecken beraten und abgestimmt werden muß, könnte sich der so achtlos eingesteckte Kieselstein in pures Gold verwandelt haben. Frauen und Männer, die von der Sorge um die Lebensbedingungen auch der kommenden Generation erfüllt sind und über ein unerschrockenes Naturell verfügen – also kühn sind – sollten sich wenigstens einmal in ihrem Leben politisch betätigen, oder, und das wäre nur die zweitbeste Lösung, Verantwortung übernehmen, indem sie bei Wahlen eine Partei bevorzugen, die in Lebens- und in Überlebensfragen am deutlichsten vom täglich praktizierten Terror gegen die Natur abrückt. Das wäre dann allerdings schon nicht mehr kühn, sondern nur noch selbstverständlich.

Hochsalat

Willst du einen Wald vernichten, pflanze Fichten, Fichten, Fichten! Wird eine Wiese oder Weide mit Fichten eingezäunt, sieht das am Anfang ganz niedlich aus; besonders in der Weihnachtszeit. Aber dann! Schlimmer kann eine Landschaft doch gar nicht verhunzt werden! So weit sollte die landschaftsästhetische Narrenfreiheit der Bauern eigentlich nicht gehen dürfen. Doch seien wir ehrlich: So oft kommt das nun auch wieder nicht vor. Viel schlimmer und entsetzlich weit verbreitet ist in Deutschland die Unsitte, vergeilte Hecken durch unterlassene Pflege in ganz „schmale Wälder" zu verwandeln. Für dieses ernste Anliegen sei der Duden-Redaktion in Mannheim die neudeutsche Wortschöpfung „Hochsalat" zu treuen Händen gegeben.

In der Heckenliteratur unterscheidet man zwischen Niedrighecken, Mittelhecken und Hochhecken. Das ist etwa so sinnvoll, als würde ein Großvater seine Enkel in Niedrigkinder, Mittelkinder und Hochkinder einteilen. Wenn mich meine Erinnerung nicht täuscht, sind diese Begriffe aus der Schweiz eingeschleppt worden und geistern seit Jahrzehnten durch die einschlägige Literatur. Der von mir bevorzugte Begriff Feldhecke deckt alle vorkommenden Größenunterschiede selbstverständlich ab, schließt sie naturgemäß mit ein und läßt ganz nach Belieben das eine oder andere Heckenziel mit vorhersehbarem Resultat erreichen.

Die Zählebigkeit dieser geradezu primitiven Unterscheidung in Niedrig-, Mittel- und Hochhecken läßt sich aus der typisch deutschen Angewohnheit erklären, eine Fehlentwicklung ruhig auf sich beruhen zu lassen.

Ein weiterer Grund ist jedoch der entscheidende: Wer über kein Pflegekonzept verfügt, ist den Zufälligkeiten der Heckensukzession hilflos ausgeliefert wie ein Mann, der gerade beschlossen hat, sich nie wieder die Haare schneiden zu lassen. Das kann ja auch nicht gutgehen. Läuft also eine Behördenhecke – wie üblich – aus dem Ruder, und entwickelt sich zu einer vergeilten (aufgeschossenen) Baumreihe, an der jeder Stangenförster seine helle Freude haben würde, dann wird dieses Winterschlafresultat der zuständigen Ämter nicht etwa angeprangert, sondern mit der Bezeichnung Hochhecke oder Windschutzhecke tolerierbar gemacht und wissenschaftlich abgesegnet. Genausogut könnte ein Gärtner auf dem Wochenmarkt vergeilte Salatpflanzen als Hochsalat anbieten! Würde er die passenden Bambusstäbe und etwas Bast zum Anbinden gleich mitliefern, wäre nur noch abzuwarten, ob sich auch Dumme finden, die darauf hereinfallen.

Es ist geradezu erschütternd, wie in Deutschland Tausende der schönsten Hecken zu reinen Baumreihen verkommen sind, während sich Behördenleiter und Wissenschaftler darin überbieten, die ökologische Bedeutung dieser Schreibtischphantasiehecken in den schönsten Farben zu verherrlichen. Schauen diese Leute eigentlich nie aus dem Fenster? Der durch Unkenntnis, Gleichgültigkeit oder Dummheit angerichtete Schaden geht inzwischen in die zig-Millionen und liegt vermutlich auf gleicher Höhe mit den Gehältern der im Natur- und Landschaftsschutz »tätigen« Beamten und verbeamteten Wissenschaftler. Gleichzeitig gehen jene leer aus und werden obendrein noch behindert, die der behördlichen Untätigkeit beruflich oder ehrenamtlich auf den Pelz rücken wollen.

Dieses Ökobanausentum schlägt von ganz oben kommend über die Herren Umweltminister, Regierungspräsidenten, Landräte und Bürgermeister voll durch; und auf jeder Stufe dieser Hierarchie sitzen Bremser und Duckmäuser duckmäuschenstill, während die Hecken natürlich wachsen und weiterwachsen! Die Natur sollte erkennen, und hat es vermutlich längst getan, daß in Abhängigkeit gehaltene Menschen nur sich selbst, aber eher selten auch die Natur retten können und somit als Hoffnungsträger und treibende Kraft für die längst fällige Naturschutzpolitik weitgehend ausscheiden. Das ist eigentlich schade und ganz schön bitter, wenn man bedenkt, wie teuer uns dieses Naturschutzbeamtentum zu stehen kommt.

Das Aufkommen und die zum Himmel schreiende Notwendigkeit wachsender Naturschutzverbände, sind ein trauriges Zeichen des Versagens des staatlichen Naturschutzes. Ein Staat, der sich namhafter Experten bedient und sich ihrer Fähigkeiten dann doch nicht bedient, indem er sie mundtot macht (und diese sich mundtot machen lassen), anstatt sich von diesen Fachleuten zeigen zu lassen, wie und wo es langgehen müßte, ein solcher Staat ist als Fehlkonstruktion eine unerhörte Gefahr für Mensch und Natur. Nun zieht dieser Staat aber die Legitimität seines naturschädlichen Verhaltens aus der genüßlich vorgebrachten Tatsachenfeststellung, durch Wahlen immer wieder mit dem Recht auf Narrenfreiheit ausgerüstet worden zu sein – durch uns Wähler! Das Zauberwort Demokratie macht es möglich. Selbst Trinkwasser, unser zweitwichtigstes Lebensmittel nach der Atemluft, darf verseucht werden, wenn es denn nur demokratischerweise und beamtenrechtlich einwandfrei geschieht (z.B. Rheinwasserversickerung im Hessischen Ried, die es möglich macht, der Stadt Frankfurt entsprechende Mengen reinsten Trinkwassers für die Toilettenspülung zur Verfügung zu stellen). Die Raserei auf deutschen Straßen und Autobahnen z.B. zerstört ja nicht nur den Wald, sondern kostet jedes Jahr über zehntausend Menschen das Leben (50.000 schwer verletzt und überwiegend für immer gezeichnet).

Durch eine sinnvolle Geschwindigkeitsbeschränkung könnten Jahr für Jahr über zweitausend Menschenleben und zehntausend Schwerverletzte gerettet werden – durch ein Kopfnicken des Bundeskanzlers und einen Federstrich des zuständigen Ministers. Die Hinterbliebenen und Angehörigen der unschuldigen Opfer einer Raserkatastrophe sollten daraus aber keine voreiligen Schlüsse ziehen und bedenken, daß diese leicht vermeidbaren Menschenopfer von einem Staat gewollt sind, der sich diese Inkaufnahme unnötiger Blutbäder von der Mehrheit immer wieder, und selbstverständlich demokratisch astrein, bestätigen läßt. Staat, Mehrheit, Opfer und Hinterbliebene befinden sich also in einem demokratischen Gleichgewicht des Schreckens. Um diese Perversität – gerade weil sie so harmonisch und unantastbar funktioniert – für das ökologische Gleichgewicht der Natur in Anspruch nehmen zu können, gilt es herauszufinden, welche Wirkungsmechanismen das Perverse in Staat und Politik so erfolgreich machen; denn nur wenn wir das wissen, haben wir auch die Möglichkeit, im Naturschutz ähnlich erfolgreich voranzukommen. Schäbiges Verhalten, wie es der Staat und die ihn tragende Mehrheit gegenüber den Verkehrsopfern so gelassen demonstrieren, darf uns nicht fremd sein, wäre doch sonst möglicherweise zu befürchten, daß wir aufgrund eines allzu edlen Verhaltens den demokratischen Zug verpassen, den Anschluß verlieren und auf der Strecke bleiben. Wir sind der Lösung vermutlich schon dicht auf den Fersen, wenn wir zunächst einmal feststellen, daß die Mehrheit der Bevölkerung ein perverses Verhalten akzeptiert und vor allem ja auch selbst praktiziert, wenn es der Staat vormacht und für dieses peinliche Verhalten möglichst gutklingende Bezeichnungen findet, die den wahren Sachverhalt vernebeln helfen und die eigene Mitschuld niedlich aussehen lassen. Da der Mensch nur allzugerne glaubt, was er so furchtbar gerne hören möchte und sehr erfolgreiche Strategien für das Verdrängen lästiger Wahrheiten entwickelt hat, kann sich der Staat von dieser Kumpanei sogar noch mitreißen lassen und zu immer perverseren Methoden greifen. Wer auf den Straßen das Leben Tausender ungestraft (und unnötigerweise wohlgemerkt!) opfern kann, wird gegen Pflanzen und Tiere noch ganz andere Seiten aufziehen; das dürfte doch wohl klar sein!

Tolstois Befürchtung, daß es so lange Kriege geben werden, wie es Schlachthäuser gibt, muß heute um folgende Variante erweitert werden: Wir werden den Terror gegen Mensch und Natur erst stoppen können, wenn die Staatsdiener diesem Terror ein schlichtes, die Pensionsberechtigung gefährdendes Nein entgegenstellen. Ist das zuviel verlangt? Ganz offensichtlich ja! Regierungswechsel nach verlorenen Wahlen, die in Naturschützerkreisen verständlicherweise – aber eben doch wohl zu unrecht – die naive Hoffnung aufkeimen lassen, jetzt werde aber alles ganz anders und viel besser, ändern auch in einer Demokratie so wenig wie das Zirpen einer Grille bei Westwind. Wer es wollte, konnte diese Feststellung in Schleswig-Holstein überprüfen, wo das Naturschutzparadies nicht ausgebrochen ist, obwohl dort ein namhafter Ökologieprofessor zum Umweltminister befördert wurde, um der dortigen Regierung einen Indikator für umweltgerechtes Verhalten zu verschaffen. Es besteht aber durchaus

Hoffnung, zumal wir noch weitere sechzehn Umweltminister in der Reserve haben. Damit verfügt Deutschland über die größte Umweltministerdichte der Welt. Es kommen hier bei uns auf jeden Quadratkilometer immerhin 0,0000477 Umweltminister. Zählt man die siebzehn Staatssekretäre einschließlich Sekretärinnen und Dienstwagen dazu, werden Werte erreicht, von denen andere Länder nur träumen können.

Doch zurück zu der Frage, die sich der aufmerksame Leser gemerkt haben wird und der ich keineswegs ausweichen wollte: Können die Wirkungsmechanismen politisch inszenierter Gewalt gegen die Natur (Ökoperversikum) für uns Umweltschützer zur Leitschnur erfolgversprechenden Handelns werden? Das glaube ich aus verschiedenen Gründen bejahen zu können. Die Opferbereitschaft eines Großteils der Bevölkerung beschränkt sich ja nicht nur auf den Straßentod, sondern ist auch im Positiven heute so groß, daß Schwungradeffekte noch nie dagewesenen Ausmaßes möglich geworden sind. So lange der Naturschutz als ein den Behörden zu überlassender Teilbereich des Lebens aufgefaßt wurde und dort still aber fest vor sich hinschlief, war die Motivation, sich energisch für ihn einzusetzen, eher gering und blieb auf Pioniere beschränkt, denen wir heute zu großem Dank verpflichtet sind. Diese Wegbereiter des modernen Naturschutzes, die zum Teil resigniert haben, weil das Idealbild ihres Lebens mit zuviel Dreck beschmutzt und selbst noch die kleinsten Minimalforderungen politisch verhöhnt wurden, sind von einer Nachkriegsgesellschaft lahmgelegt worden, die von der Freßwelle zur Einrichtungswelle getaumelt ist und z.Z. von der Autoreisewelle in den Ferntourismus geschwemmt wird.

Inzwischen scheint es aber möglich geworden zu sein, gewisse Wählerschichten davon zu überzeugen, daß die Perlen der Natur doch lieber nicht mehr vor die Säue geworfen werden sollten. Jetzt schon von einer guten Ausgangslage für den ökologischen Durchbruch zu sprechen, wäre nur dann übertrieben und verfrüht, wenn die irgendwo versteckte Chance nicht sofort gesucht würde. Der Leser beachte, daß er nun selbst zum Zünglein an der Waage geworden ist, ohne sich von den beiden gewaltigen Waagschalen Mehrheit und Staat beeindrucken lassen zu müssen. In seinem Buch »Salz« hat der Aphoristiker und Kabarettist Hans-Peter Schwöbel für diesen Rettungsanker die passende Form gefunden, indem er schreibt: »Unsere einzige Chance besteht darin so zu handeln als hätten wir eine«. Demnach wäre es falsch, auf eine Chance zu warten; da könnte man nämlich warten, bis einem schwarz vor den Augen wird! Das sei denen gesagt, die auf eine ökologische Politik der jetzigen Bundesregierung warten! Aus der verblüffenden Formel des Soziologieprofessors Schwöbel geht vielmehr hervor, daß die letzte greifbare Rettungschance der Menschheit längst verspielt wurde und daher zunächst einmal voller Optimismus gezeugt werden müßte, um dann mit letzter Kraft doch noch geboren werden zu können.

Daß es hierbei vor allem auf einzelne Personen ankommt und gar nicht mal so sehr auf die breite Masse, dafür hat der deutsche Bundeskanzler Dr. Helmut Kohl das wohl schönste Beispiel der Geschichte gegeben: Während die Mehrheit der Deutschen nämlich gar nicht daran dachte, den Amerikanern ihren Golfkrieg zu finanzieren, wohl wissend, daß diese – in der deutschen Rüstungsindustrie verdienten – Gelder aus dem Staatshaushalt woanders dringend benötigt werden, hat der Oggersheimer Helmut Kohl mal eben so fünfzehn Milliarden DM aus diesem unserem Hut gezaubert. Wir müssen das hier einflechten, weil nach dieser Tat auf deutschem Boden nie wieder behauptet werden kann, für den Natur- und Artenschutz sei kein Geld da!

Nun sind fünfzehn Milliarden DM eine unvorstellbar große Summe. Da das Unvorstellbare in der Erinnerung nicht haftet und somit auch schnell wieder vergessen und verziehen wird, hier also der Versuch, dieser Leistung des Herrn Kohl gerecht zu werden: Man stelle sich gebündelte Hundertmarkscheine vor; jedes Banknotenbündel enthalte Tausend Mark. Nun werden Bündel auf Bündel in einem großen Tresor fein säuberlich gestapelt; insgesamt Tausend Bündel. Der gerammelt volle Tresor enthält somit eine Million DM. Jetzt schnell noch bei der Güterabfertigung der Bahn AG anrufen und fragen, ob ein Güterwaggon hundert bis zum Platzen volle Tresore transportieren könne. Antwort der Bahn AG: Aber ja doch! Prima! Dann müssen nämlich nur drei Güterzüge mit je 50 Waggons gechartert werden. Diese 150 Güterwaggons brauchen jetzt nur noch mit 15 000 (in Worten: fünfzehntausend) Tresoren beladen zu werden; macht zusammen – fünfzehn Milliarden DM Golfkriegsspende auf dem Abstellgleis menschlichen Wahnsinns.

Letzter Versuch, diese Entgleisung des Bundeskanzlers auch für Hausfrauen vorstellbar zu machen: Mit Wäscheklammern werden pro Meter fünf neue Tausendmarkscheine an eine besonders lange Wäscheleine gehängt, die von Oggersheim in der Pfalz über die Alpen quer durch Südeuropa und von Israel bis in die Vororte von Bagdad reicht. Reicht das? Und sind wir noch zu retten? Mit Kohl wohl nicht; aber mit Hochsalat müßte es zu schaffen sein.

Heckenpflege – normal

Der vertikale Flankenschnitt durch Astknacker, Wallheckenschneider und Schlegelgeräte ist inzwischen ganz normal, aber in mehrfacher Hinsicht katastrophal. Diese „Hecken wie Mauern“ vergreisen (verkahlen) im Inneren und sind schließlich nur noch außen grün. Hier bleibt vor allem die ökologisch bedeutsame Altersstufen-vielfalt auf der Strecke!

Ob Glatze oder Lockenpracht, wer passabel aussehen will, geht regelmäßig zum Frisör. Für Kinderreiche ist diese Erscheinungspflege schon immer ein finanzielles Problem gewesen, dem man sich auf die eine oder andere Weise zu entziehen versuchte. Sehr verbreitet ist in großen Familien noch heute die Erkenntnis, daß zwischen der Anzahl nicht mehr aufschiebbarer Frisörbesuche und der Kürze des Haarschnitts ein nutzbarer Zusammenhang besteht.

Mit der Anschaffung einer enorm zwickenden Haarschneidemaschine und dem sommerlichen Kahlschnitt konnte diese Kosteneinsparung auf die Spitze getrieben werden; übrigens sehr zum Leidwesen der davon betroffenen Buben, die dann zusehen konnten, wie eine unschöne Schädelform mit den abstehenden Ohren korrespondierte.

Wie groß die Not der Eltern auch immer gewesen sein mag, das mit Gewalt erzwungene Kahlscheren der Kinder kam dem Tatbestand der seelischen Grausamkeit sehr nahe und erinnert uns stark an eine Hecke, die in ihrer ganzen Länge »auf den Stock gesetzt« wurde. Heckenpflege nennen die Behörden das.

Eine Mutter, die ihren Jungen zum Frisör schickt und dann durch einen meisterhaften Schnitt so angenehm überrascht wird, daß sie den kleinen Jungen vor lauter Stolz und Freude erstmal in die Arme nehmen muß, sie gleicht einem Heckengärtner, der die Patenschaft einem Nachfolger überläßt und nach Jahren erkennen und anerkennen muß, daß »seine Hecke« ja noch schöner und wertvoller geworden ist.

Bei der sich selbst überlassenen Hecke kann das Gegenteil der Fall sein. In den ersten zehn Jahren geht es zwar immer nur aufwärts: größer, breiter, dichter und schöner, aber dann beginnt das Verdrängen der schwächeren Sträucher. Schlehe, Weißdorn und Haselnuß bringen das Pfaffenhütchen, die Eberesche und selbst den Schwarzen Holunder so in Bedrängnis, daß diese Sträucher nach zwanzig Jahren oft völlig verschwunden sind. Da die Hecke als Teil der Kulturlandschaft ohnehin nicht ganz natürlich, urwüchsig und sich selbst überlassen bleiben kann, sollte es uns nicht schwerfallen, die Dominanten in Schach zu halten, um der natürlichen Artenreduzierung ganz bewußt ein Schnippchen zu schlagen.

White schreibt in seinem Buch »Die Hecke«, daß von der Zahl der Arten in der Hecke auf das Alter der »Naturhecke« geschlossen werden kann und überrascht mit der Behauptung, daß eine aus zwei Straucharten bestehende Naturhecke etwa 200 Jahre alt sein muß. Seinen Angaben zufolge braucht eine neue Art etwa 100 Jahre, um sich als Dritte im Bunde gegen die beiden anderen auf Dauer behaupten zu können. Diese erstaunliche Regel besagt also, daß

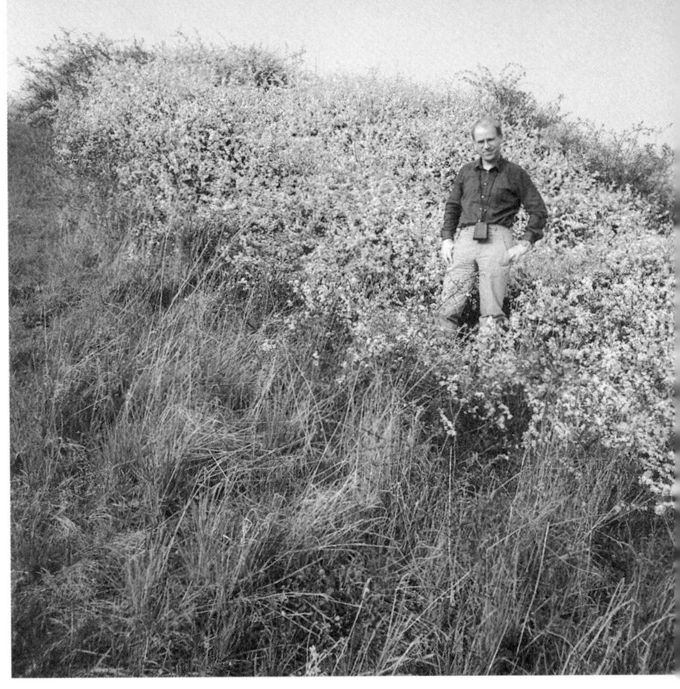

__Kalkmagerrasen__ können durch die Wurzelbrut der Schlehe und durch Vogelkot vollständig vernichtet werden. Geht uns das Wachstum der Sträucher in der Hecke normalerweise gar nicht schnell genug, ist es auf diesen wertvollen und empfindlichen Standorten seltener Pflanzen und Insekten umgekehrt. Bleibt z.B. die Beweidung mit Schafen aus (Schäfer gibt auf, niemand kümmert sich um die Folgen), kann es in wenigen Jahren schon zu spät sein: Das Vordringen der Schlehen und Rosen ist dann nur noch in mühevoller Handarbeit zu bremsen. Darum ist bei der Schlehe auch auf Normalstandorten immer eine gewisse Vorsicht geboten.

eine 400jährige Hecke erst aus vier Arten bestehen kann. Das uns Heckengärtnern durchaus wünschenswert erscheinende Neben- und Durcheinander von zehn verschiedenen Sträuchern und Bäumen würde die Naturhecke also erst in 1000 Jahren zuwege bringen. Wer diesen Angaben mißtraut, fahre doch mal in das Land der 1000jährigen Hecken, nach England, und überzeuge sich selbst. Da wir nicht bis zum Jahre 3000 warten können und wollen, bis eine Vielfalt entsteht, die wir brauchen, um die Ausräumung der Landschaft kompensieren und den Nutzen der Hecke für Mensch und Tier steigern zu können, muß der Faktor Zeit durch unser Eingreifen und Beobachten ergänzt werden.

Der Heckenpflege kommt also eine Bedeutung zu, die gar nicht hoch genug eingeschätzt werden kann. Diese hatte sich bisher weitgehend nach den Wünschen der Landwirte zu richten, und die zuständigen Behördenleiter haben daraus ein Pflegekonzept entwickelt, das in seiner linearen Schlichtheit der Naturferne dieser

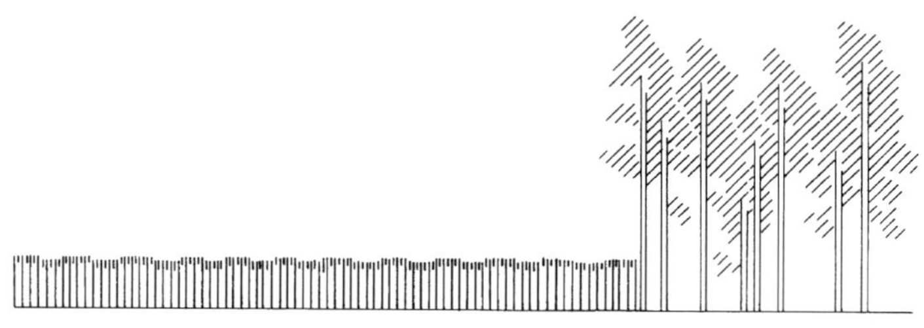

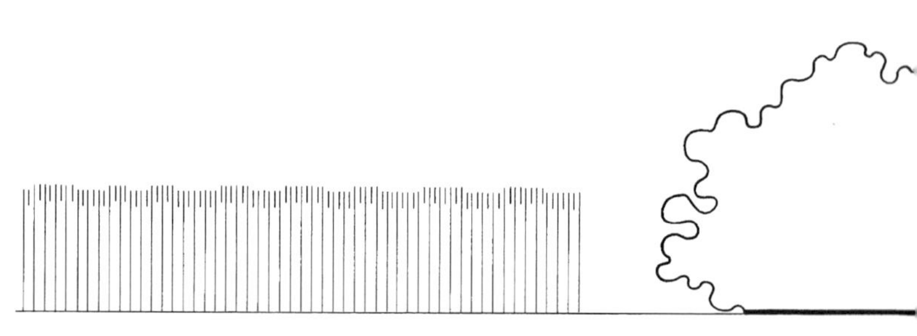

Flurbegradiger entspricht: Entweder die Hecke wird kurz- und kleingeschlagen, das heißt man setzt sie nach etwa 10 Jahren auf den Stock und übrig bleiben nur die Stümpfe der Sträucher und Bäume. Oder man setzt Schlegelgeräte ein, die das Astwerk zerfetzen und die Hecke mit Gewalt schmal halten. Diese Form der »Heckenpflege« wird neuerdings dem Kahlschlag vorgezogen, weil die Proteste der Umweltschützer dann etwas weniger heftig ausfallen. Der Kahlschlag und die »versaute« Hecke haben katastrophale Folgen für die Bewohner der Hecke. So ist der Neuntöter beispielsweise auf »seinen« Abschnitt in der Hecke fixiert, den er so gut wie nie verläßt. Wenn dieser inzwischen selten gewordene Heckenvogel aus seinem Winterquartier in Afrika zurückkehrt und seine Hecke nicht wiederfindet, weil sie bis auf den Grund abgehackt worden ist, dann verläßt er das Revier, zumal die Ausweichmöglichkeiten entweder schon

Zweimal 60 %

Die Waldränder lassen uns tief in den ökologischen Sachverstand der Förster und Privatwaldbesitzer blicken. Vernünftig gepflegt und wie Hecken gestaltet, sichern sie den Lebensraum für ca. 60 % aller Tierarten des Waldes. Weit über 60 % aller Waldränder sind eine Katastrophe!

»besetzt« oder überhaupt nicht mehr vorhanden sind. Ob er jemals wiederkommen wird, das weiß kein Mensch. Ganze Landstriche sind inzwischen amtlich leergepflegt worden, garantiert frei von Neuntötern!

Man stelle sich das einmal vor: die kläglichen Reste einer längst verschwundenen Heckenlandschaft werden auch noch völlig falsch gepflegt. Sachzwänge, Kostengründe und ähnliche Ausflüchte müssen dafür herhalten, uns dieses schmale Methodenregister als der Situation angemessen zu verkaufen. Sollen Feldhecken, die aus der Benjeshecke hervorgehen, eines Tages ebenfalls durch diesen Fleischwolf gedreht werden? Lieber wollte ich sie lichterloh brennen sehen! Kein Frisörmeister käme doch auf den Gedanken, einen Gesellen anzustellen, der vorher nur Schafe in Australien geschoren hat. Aber bei den Behörden hätte der Junge sein sicheres Unterkommen.

__Wallhecken__ sind am schnellsten durch Viehtritt kaputtzukriegen. Vorraussetzung für den Vernichtungserfolg sind eine schlafende Behörde und ein Bauer, dem das Schicksal dieser unerhört wertvollen Hecken egal ist. Sollten einzelne Bäume trotz der Tritt-, Verbiß- und Scheuerschäden überleben, können sie durch einen direkt danebengepackten Misthaufen in zwei bis drei Jahren zum Absterben gebracht werden. Da das Entfernen toter Bäume gesetztlich zulässig ist, kann die Baumruine anschließend problemlos entfernt werden.

Diesem Ist-Zustand, den es schnellstens zu beenden gilt, setzen wir eine Heckenpflege entgegen, die eine solche Bezeichnung auch wirklich verdient. Gemäß einer wichtigen Regel der Permakultur, muß jeder Eingriff in die Natur gleich mehreren Zwecken dienen. Das schöne deutsche Sprichwort, zwei Fliegen mit einer Klappe zu schlagen, beschreibt diesen Vorgang nur unzureichend. Wir erstellen zunächst einen Pflegeplan, der immer nur den überschaubaren Abschnitt einer Hecke umfaßt und in der Regel durch die Übertragung einer Patenschaft bereits in festen Händen ist. Angenommen, dieser Heckenzug weist eine Länge von 100 Metern auf, dann wäre er in 5 Pflegeabschnitte von je 20 m Länge aufzuteilen; (siehe Seite 93). Sobald die Sträucher ein Alter von 10 Jahren erreicht haben, ist einer der fünf Pflegeabschnitte auf den Stock zu setzen. Das dabei anfallende Nutzholz wird für Bohnenstangen, Zaun- und Tomatenpfähle abgezweigt. Um die bevorstehenden Stockausschläge gegen Wildverbiß zu schützen, wird ein Teil des reichlich anfal-

Einzigartige Wallhecken läßt man zu sterilen Baumreihen verkommen, an denen jeder Stangenförster seine helle Freude haben würde. Um diese »Entheckung« auf die Spitze zu treiben, werden die Bäume auch noch »geästet« und das Gestrüpp anschließend vernichtet! Mit einer fotogestützten Plenterpflege könnten diese Heckenruinen aus höchster Not gerettet werden und nach etwa acht Jahren wie neu geboren über die Schande hinausgewachsen sein.

lenden Gestrüpps etwa 1 m hoch ausgebreitet, um die Rehe wenigstens ein Jahr lang zu vergrämen.

Das restliche Gestrüpp muß abgefahren werden, um andernorts zur Anlage neuer oder zur Verlängerung bereits vorhandener Behörden- oder Benjeshecken genutzt werden zu können. Ließe man die Pflegelücken ungeschützt in der Landschaft liegen, würden Verbiß- und Fegeschäden für Krüppelwuchs sorgen und dadurch das Zuwachsen der Lücken verzögern. Durch das locker verteilte Gestrüpp wird die Pflegelücke auch optisch entschärft und keineswegs als störend empfunden, zumal der Eingriff in den Wintermonaten erfolgt und schon im ersten Sommer durch Wildkräuter und Stockausschläge abgerundet wird. Im kommenden Spätherbst oder Winter ist dann der zweite Abschnitt an der Reihe; (siehe Seite 93).

Hier hat man sich für den 4. von links entschieden, um die ökologischen und landschaftsästhetischen Vorzüge der »Stufigkeit« optimal nutzen zu können. Beachten Sie bitte, daß die Pflegelücke des Vorjahres bereits kräftig zu wachsen beginnt und die kritische Kahlphase längst überwunden hat. Im dritten Jahr fällt meinetwegen der Abschnitt ganz links und im vierten Jahr der Abschnitt in der Mitte. Den Abschluß bildet nach fünf Jahren der Pflegeabschnitt rechts außen. Wir haben es jetzt mit einer Hecke zu tun, die sich auf einer Länge von 100 Metern aus fünf Jahrgangsstufen zusammensetzt und als Lebensraum für Pflanzen und Tiere die Voraussetzungen für eine ungewöhnlich große Artenvielfalt erfüllt.

Es wird dem Leser aufgefallen sein, daß ich den behördlichen Kahlschlag für verwerflich halte und diese Radikalkur dann selbst propagiere, wenn auch nur abschnittsweise. Ja, es ist eben ein Unterschied, ob wir den ganzen Heckenzug oder nur einen ganz bestimmten Abschnitt zurücknehmen. Während bisher lediglich gefordert wurde, daß die Feldhecke aus möglichst vielen verschiedenen und standortgerechten Sträuchern bestehen sollte, gehen wir ab sofort noch einen Schritt weiter: Die Hecke verfüge neben der Sträuchervielfalt auch und vor allem über eine möglichst große Altersstufenvielfalt, die sich durch das hier vorgestellte Heckenpflegekonzept fast von selbst ergibt. Erst in dieser Kombination entwickelt sich in und an der Hecke eine Insektenvielfalt, die so groß ist, daß ein Menschenleben nicht ausreicht, um herauszufinden, ob es nun 1500 oder 3000 verschiedene Arten sind.

Die Möglichkeiten der Hecke sind damit aber immer noch nicht ausgeschöpft, denn was wäre eine Hecke ohne Saumzone? Eine ziemlich leere Artenhülse – im Vergleich zu dem, was sie sein könnte! Darum war es naheliegend, dem Heckenpflegekonzept ein praktikables Saumzonenpflegekonzept zur Seite zu stellen (Seite 115). Die ökologisch und landschaftsästhetisch gleichermaßen bedeutsame Struktur der Altersstufenvielfalt kann und muß am Schreibtisch geplant werden. Den Gemeinden und Städten eröffnet sich damit die Möglichkeit, Arbeitskräfte und Maschinenpark zum Segen der Natur äußerst sinnvoll und rationell einzusetzen. Mein Pflegekonzept sieht also vor, daß pro Jahr mindestens ein Zehntel und höchstens ein Fünftel aller Heckenmeter auf den Stock gesetzt werden; doch gilt es dabei zu beachten, daß die einzelnen Pflegeabschnitte niemals länger als 20 Meter sein dürfen und außerdem so gleichmäßig wie möglich über die vorhandenen Heckenzüge zu verteilen sind. Wie sieht nun die bundesdeutsche Wirklichkeit aus? Um es mit einem Wort zu sagen: Traurig! Die noch vorhandenen oder schon wieder angelegten Hecken werden falsch oder gar nicht gepflegt; letzteres überwiegt. Man läßt die Hecken ganz einfach zu Baumreihen verkommen.

Nicht genug damit, daß ganze Landstriche von Hecken restlos befreit wurden; dort, wo es noch Hecken gibt, gibt man ihnen sozusagen den Rest. Es versteht sich von selbst, daß diese vergeilten »Hochhecken« (es handelt sich um ein paar Tausend km!) dringend einer speziellen Pflege bedürfen, um behutsam und ökologisch verkraftbar wieder in funktionstüchtige Feldhecken verwandelt werden zu können.

Um den Schlendrian und die Ratlosigkeit auf diesem Gebiet zu beenden, habe ich eine Pflegeanleitung entwickelt, die den großen Nachholbedarf, die bereits angerichteten Schäden und die entsprechenden ökologischen Forderungen daraus berücksichtigt; siehe Kapitel »Heckenpflege professional«. Im Rahmen meiner terminlichen Möglichkeiten stehe ich Gemeinden, Behörden, Firmen und Umweltgruppen auch weiterhin mit Praxisseminaren zur Verfügung. Den Veranstaltern und Teilnehmern wird jedoch dringend geraten, sich schon im Vorfeld dieser Veranstaltungen mit meinem Heckenpflegekonzept zu befassen, um zu verhindern, was mir im Oktober 1992 vor laufender Fernsehkamera in Luxemburg passiert ist: Dort wollte sich ein Behördenvertreter zum Retter einer wunderschönen – aber überalterten und somit pflegereifen – Kreuzdornhecke aufspielen, die ich bei Regen und Wind gerade abschnittweise auf den Stock setzen ließ. Wenn Sonderbiotope durch den Rückschnitt ans Tageslicht gezerrt würden, tritt eine der vielen Ausnahmeregeln in Kraft, die sich ein zünftiger Heckengärtner mit der Zeit zulegt, um den mit der Hecke um die Wette wachsenden Erfahrungsschatz reinvestieren zu können. Im Klartext bedeutet dies z.B., daß der Lesesteinhaufen eine dicke Extrawurst gebraten kriegt; sein »Beschatter« kommt mit einem maßvollen Verjüngungsschnitt davon. Irgendwann landet ja auch mal das Brombeergestrüpp in einem Pflegeabschnitt; was machen wir dann? Nichts! Die Brombeeren kommen ungeschoren davon.Wir gehen also keineswegs schematisch vor und schon gar nicht stur, sondern werden teilweise oder ganz auf den »eigentlich« fälligen Rückschnitt verzichten. Nicht nur möglich, sondern wünschenswert und in Zukunft sicher notwendig (im Sinne von Not abwenden) ist eine Pflege, die den Nutzwert der Hecke von Jahr zu Jahr steigert und allmählich an einen Optimalwert heranführt, den wir heute noch nicht einmal mit Hilfe der Phantasie einkreisen können, geschweige denn auf Grund vorhandener Erfahrungswerte. Die Haselnuß, ein typischer Heckenstrauch, bietet im Laufe einer Dekade neunmal eine prächtige Bienen- und Augenweide. Sie schenkt uns etwa fünf Nußernten in dieser Zeitspanne und zum Schluß der Dekade ein spaltbares Stangenholz, das in Haus, Hof und Garten vielfäl-

Die Pflege der Hecke ist kein notwendiges Übel, sondern die faszinierende Chance, der Artenvielfalt neue Impulse zu geben. Da die Pflegelücke immer nur 20 m breit ist, können die Vögel z.B. leicht in benachbarte Abschnitte »umziehen« und sich dort in das gemachte Bett setzen: Als Entschädigung für den vorübergehenden Kahlschlag wird das Umfeld zur Tabuzone erklärt und rechtzeitig, also schon Jahre im voraus, mit natürlichen Nisthilfen (Astquirlen) gespickt. Dieser vorausschauende Naturschutz ist nur in einer Patenschaft möglich, die das Flurbelebungsresultat als persönliche Bereicherung empfindet. Während sich die Stufigkeit der Heckensilhouette aus der ökologischen Heckenpflege ganz von selbst ergibt, muß die nicht weniger bedeutsame Buchtigkeit der Heckenflanke aus den örtlichen Gegebenheiten heraus entwickelt werden. Diese Buchtigkeit ist unerläßlich, da nudelartige Heckenzüge die Windgeschwindigkeit spürbar erhöhen, wenn sie parallel zur Hauptwindrichtung liegen (Windkanaleffekt). Die Hecke verlaufe daher in Wellen- oder Zickzacklinien auf dem ansonsten schnurgeraden Geländestreifen. »Unscharfe« Heckenränder werden durch die Umwandlung der Saumzonen in Wildkräuterbuchten möglich. Bei jeder sich bietenden Gelegenheit lassen wir die Hecke einen Haken schlagen: Kleine Ausläufer lassen sie struppig aussehen. Spaziergänger gehen dann eben nicht mehr an »einer« Hecke entlang, sondern erleben auf Schritt und Tritt eine Überraschung nach der anderen. Wo die Möglichkeit besteht, lassen wir die Hecke ausufern. Dadurch ergeben sich automatisch größere Buchten mit einer klimatisch und ökologisch wirksamen Staudruckzone, an der sich der Wind die Zähne ausbeißt. Hier können wir mitten am Tage den Fuchs beobachten, wie er faul in der Sonne liegend sein lahmendes Bein kuriert. Abends ist er dann wieder topfit für die Kaninchenjagd.

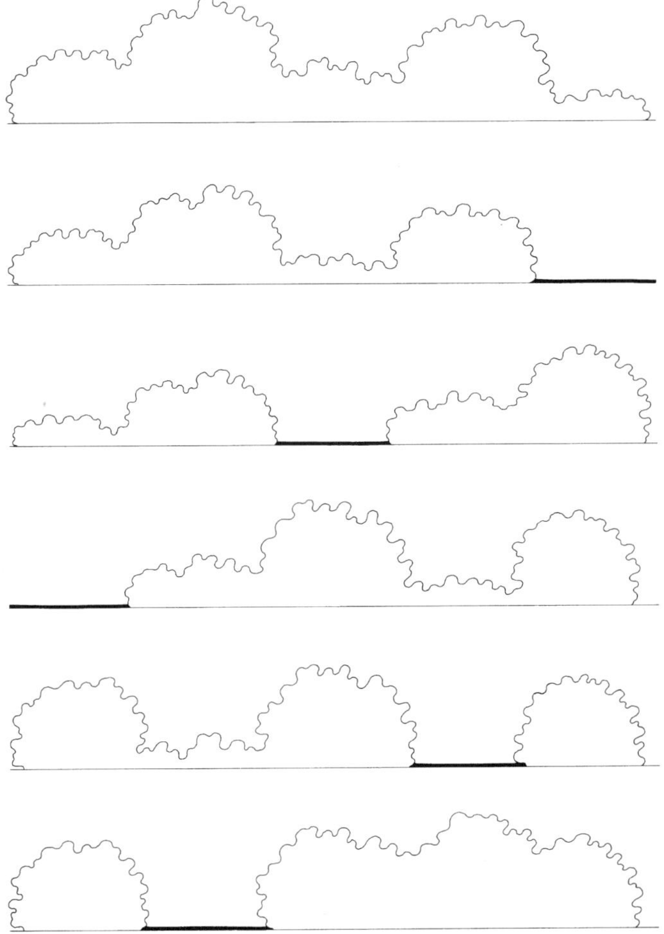

tig eingesetzt werden kann. Wir lassen diese wertvolle Biomasse nach erfolgter Pflege also nicht in Flammen aufgehen, sondern führen sie in Form gut verkäuflicher Bohnen- und Tomatenstangen, Zaunpfähle, Leisten und Brennholz einer nützlichen Bestimmung zu. Der kapitalzehrende Unfug, den Werk- und Wertstoff Holz gedankenlos durch tropische Hölzer oder Plastik und Metall zu ersetzen, könnte durch die Nutzung immer wieder nachwachsender Hecken auf ein vertretbares Maß zurückgeschraubt werden. Früher ist der Bauer sein eigener Tischler und Zimmermann gewesen. In den Wintermonaten gab es jede Menge Zeit, das gut abgelagerte Holz bedarfsgerecht zu verarbeiten. Zerbrach die Sprosse einer Leiter, wurde eine neue aus dem geschmeidigen Holz der Esche eingesetzt. Heute würde man die Leiter »aus Zeitmangel« einfach wegschmeißen und durch eine aus Aluminium ersetzen, die eigentlich mit einem kleinen Totenkopf versehen sein müßte, da zu ihrer Herstellung Verfahren eingesetzt werden, die das Vieh auf der Weide verenden lassen. Das Holz der Hecken wird als lästig empfunden und verbrannt, das energie- und umweltverschlingende Aluminium gefühl- und gedankenlos als vollwertiger Ersatz akzeptiert.

Wer die Welt vom Hochsitz gigantischer Traktoren aus betrachtet und seinen Blick über einen modernen Bauernhof schweifen läßt, wird vor lauter Beton, Plastik und Metall kaum noch Holz finden. Wann werden diese Bauern erkennen, daß sie sich auf einem Holzweg befinden, der an einem Abgrund endet? Wenn der Bauer die Energie bezahlen müßte, die er so spielerisch von seinem Traktoren-Chefsessel aus bewegt, er wäre längst ruiniert und müßte auf dem Fürsorgeamt eine warme Suppe gereicht bekommen! Eine Landwirtschaft, die 100 Kalorien einsetzt und damit nur 50 Nahrungskalorien produziert, steht vor dem ökologischen Bankrott. Der wirtschaftliche Bankrott konnte bisher durch versteckte und offene Subventionen verhindert werden, zu denen eine Industriegesellschaft in der Lage ist, die aus dem Entwicklungsgefälle zu anderen Ländern (vorübergehend) enorme Gewinne erwirtschaftet. Der schonende Umgang mit den Lebensgrundlagen, wie ihn auch die ökologisch orientierte Heckennutzung ermöglicht, steht der Rohstoffplünderung und Energieverschwendung in der Landwirtschaft so diametral gegenüber, daß man sich auf eine längere Durchsetzungsphase einrichten sollte. Die gegenwärtige Lage mag uns hoffnungslos erscheinen, aber daraus das Recht abzuleiten, nichts zu unternehmen, »weil es ja doch keinen Zweck mehr hat«, dieser um sich greifenden Ansicht möchte ich das Idealbild einer eng vernetzten Heckenlandschaft entgegenstellen, die einmal aus bescheidenen Anfängen – und den Unkenrufen zum Trotz – eine Eigendynamik entwickeln wird, der wir nur noch das menschliche Staunen hinzufügen müssen. Eine absurde Landwirtschaftspolitik kann durch Hecken natürlich nicht mit einer Goldkante versehen werden. Der Behördenhecke droht diese Alibifunktion, denn wo landwirtschaftliche Nutzflächen weiterhin als bequeme Flächendeponien für Gülle, Klärschlamm, Kunstdünger und Gift herangezogen werden, verkommt die Hecke zur tödlichen Falle für das Niederwild. Darum führt kein Weg daran vorbei, und jede Hecke läuft in diese Richtung: der Ökolandbau bleibt das übergeordnete Ziel, das die Hecken mit herbeiführen helfen und überhaupt erst möglich machen.

__Freunde von mir__ sind mit einem Sohn geschlagen, der morgens mit einer Punkerfrisur, einem sogenannten Irokesenschnitt, die Treppe herunterkommt. Das steile Haar hennarot gefärbt und zum Wochenende auch noch mit Bohnerwachs gesteift. Wer sich die Ratlosigkeit und die Not der Eltern - morgens beim gemeinsamen Frühstück - nicht vorzustellen vermag, braucht nur einen Blick auf diese „gepflegte" Hecke zu werfen! Aus der Art geschlagene Söhne können gelegentlich durch die Liebe zu einem Mädchen wieder normalisiert werden. Ob das auch für die Verantwortlichen an der Heckenfront gilt?

Ein erstaunlich großer Teil der Heckenbegleitflora, z.B. das Johanniskraut, die Schafgarbe und der Augentrost, besteht aus Heilkräutern; von den Blättern, Blüten, Beeren und Früchten der Heckensträucher einmal ganz zu schweigen. Wer diesen Schatz nicht birgt und ungenutzt verkommen läßt, wer das Wissen um die segensreiche Wirkung dieser Haus- und Tiermedizin einfach abreißen läßt, also nicht an Kind und Kindeskind weiterrreicht, ja Leute, der braucht dann eben auch im kleinsten Dorf einen Arzt und eine Apotheke. Im Heckenbuch können die überschaubaren Pflegeabschnitte mit Fotos, Skizzen, Notizen und Tabellen sukzessionsbegleitend erfaßt werden: Es dürfte gar nicht so einfach sein, alle Pflanzenarten in und an der Hecke zu bestimmen; aber was ein richtiger Heckengärtner ist, der (oder die!) verschafft sich sehr bald einen groben Überblick und verfeinert diesen mit den Jahren bis zur kompletten Bestandsliste, die dann mit fortschreitendem Wissen auch Rückschlüsse auf die Fauna zuläßt, um die wir uns fast gar nicht kümmern müssen, denn Tiere wollen vor allem das eine: in Ruhe gelassen werden; es genügt, sich immer wieder um ihren Lebensraum zu kümmern.

Das beruhigende Gefühl, schon heute zu wissen, welcher Abschnitt im nächsten Jahr auf den Stock gesetzt werden muß, verschafft uns sagenhafte Möglichkeiten, die unvermeidliche Störung durch vorbeugende Begleitmaßnahmen zu kompensieren. Benachbarte Tabuzonen puffern den »heilsamen Schock« ab und lassen es nicht zu der sonst üblichen Abwanderung gefährdeter Tierarten kommen. Nur wenn wir ganz genau wissen, was wir wollen, werden wir auch in der Lage sein, einen Fachausschuß oder ein Kommunalparlament von der Notwendigkeit und Wünschbarkeit einer außergewöhnlichen Maßnahme zu überzeugen. Das könnte z.B. die Vernetzung einer Feldholzinsel mit einem Aussiedlerhof sein, der – wie üblich – unerträglich nackt in der windgepeitschten Landschaft liegt. Vielleicht geben die Bauern zu bedenken, daß der Flächenverlust durch den Heckenzug beachtlich sei und fordern eine Entschädigung. Bevor die aber berechnet und ausgezahlt wird, sollte man sich nach Tauschobjekten umsehen, die darin bestehen könnten, den ertragsmindernden Schattenwurf der Feldholzinsel durch Auslichtungshiebe zu beseitigen.

Nach Graulich besteht die Feldholzinsel im Idealfall aus einer baumbestandenen Kernzone, die von einer heckenähnlichen Mantelzone eingehüllt wird. Den »umfassenden« Abschluß bildet eine buchtenreiche Saumzone aus Wildkräutern. Die nach ökologischen Gesichtspunkten angelegte und gepflegte (!) Feldholzinsel beschattet sich nur noch selbst; die Beeinträchtigung der umliegenden Felder ist also nicht vorgesehen. Den Wegfall der großen Schattenfläche lassen wir uns durch den Geräteausleih und die Mithilfe der Bauern honorieren.

Bei der Pflege einer hochgeschossenen Feldholzinsel fallen große Mengen Gestrüpp an, die uns dann zum Verhecken zur Verfügung stehen. Es wurde schon darauf hingewiesen, daß der Wald nicht Ziel-, sondern Ausgangspunkt der Hecken sein sollte, um den Tieren des Waldes – einem Teil zumindest – die Weite der Landschaft zu erschließen.

Wenn der Lebensraum weit über den Waldrand hinaus auch die Hecken, Wiesen, Felder und Bachauen umfaßt, läßt der »Feinddruck« in den Wäldern deutlich nach und vergrößert die Überlebenschancen der um ihre Existenz ringenden Waldhühner, Schnepfen und sonstiger Raritäten.

Die weitverbreitete Unsitte, den Waldrand als Biotop zu vernachlässigen und das horizontale Feld knallhart, also ohne Übergang, in die Vertikale des »Stangenwaldes« übergehen zu lassen, sollte – auch unter der Fuchtel des Waldsterbens und der Orkanschäden – möglichst bald durch einklagbare Richtlinien ersetzt werden.

Diesen Waldrändern sieht man an, daß die Förster einen immer größer werdenden Teil ihrer Arbeitszeit am Schreibtisch verbringen. Ich kann mich nur wundern über die Unverfrorenheit, mit der die landwirtschaftlichen Nutzflächen durch einen drittklassigen Forstbetrieb in Mitleidenschaft gezogen werden und das dann auch noch auf Kosten der Artenvielfalt! Die in der Bevölkerung tief verwurzelte Ansicht, der Förster wisse schon am besten, was der Natur im allgemeinen und dem Wald im besonderen gut tue, findet bei über 60 % aller bundesdeutschen Waldränder keine Bestätigung! Wir werden die Wälder der Zukunft so umkrempeln müssen wie die ausgeräumte Agrarsteppe. Während die »Leere« der Landschaft mit Hecken und Feldholzinseln »ausgefüllt« werden muß, ist die eintönige »Fülle« der Wälder durch »leere« Bandbiotope aufzulockern, die den Monokulturen der Stangenwälder wieder Leben einhauchen werden. Als Gegengewicht zur Feldholzinsel in der freien Landschaft sind in den Wäldern die bewußt offengehaltenen Lichtungen vergleichbarer Größe einzurichten und durch geeignete Pflegemaßnahmen als Schwerpunktbiotope in das Netzwerk ökologisch gestalteter Waldwege und Ökoschneisen einzufügen. Die Vernetzung von Lebensräumen mit Feldhecken wird also am Waldrand nicht zum Stillstand kommen, sondern unter umgekehrten Vorzeichen (Leere statt Fülle), doch mit der gleichen Zielrichtung auch den Wald, diesen wertvollsten aller Lebensräume, in seiner Gesamtheit und mit all seinen Möglichkeiten erfassen.

Heckenpflege – professional

Nur am Schreibtisch läßt sich die Heckenpflege professionell vorbereiten. Aus dem Handgelenk organisierte Pflegeaktionen sind nicht das Gelbe vom Ei und haben auch schon viel Schaden angerichtet. Die wichtigste Vorarbeit ist auch die schönste: Eine Begehung der zu pflegenden Heckenzüge! Nur so lassen sich die Besonderheiten der im Heckenbuch festgehaltenen Pflegeabschnitte berücksichtigen und vor Ort auf Anhieb finden. Das folgende Pflegekonzept ist für die Rettung und Vitalisierung der Artenvielfalt in der Kulturlandschaft von entscheidender Bedeutung. Es schafft übrigens begehrte und sichere Dauerarbeitsplätze - und zwar zu Tausenden, die alle bezahlbar sind und auch schon längst eingerichtet worden wären, wenn die schweigende Mehrheit in diesem Lande sich endlich einmal fragen würde, wo denn wohl das Geld geblieben ist, das an allen Ecken und Enden fehlt. Weitere Informationen zum Themenbereich Geld auf Seite 123: Dumme Ausrede: Kein Geld!

Jahrzehntelang sich selbst überlassene Hecken sind gekennzeichnet durch eine Vielzahl hoher (durchgewachsener) Bäume. Besonders Vogelkirschen, Eschen, Eichen, Buchen, Bergahorne, Pappeln und Birken zerstören die ökologische Wertigkeit einer Hecke. Es entstehen mehr oder weniger sterile Baumreihen.

Da diese fälschlicherweise auch als »Hochhecken« bezeichnet werden und besonders in der Kirschblüte – zumindest aus großer Entfernung – prächtig anzusehen sind, wird die dringend notwendige Pflege vielerorts von Jahr zu Jahr verschoben, um schließlich ganz zu unterbleiben. Stehen dem Nachteil der Beschattung landwirtschaftlicher Flächen auch Vorteile des Windschutzes gegenüber, so überwiegen die Nachteile doch erheblich in Anbetracht der ökologischen Verarmung infolge verdrängter Heckensträucher. Um einen guten Wind- und Erosionsschutz mit größtmöglicher Artenvielfalt und höchstem landschaftsästhetischen Anspruch kombinieren zu können, empfehle ich für Hecken, die zu mehr oder weniger sterilen Baumreihen verkommen sind, folgende Pflegemaßnahmen:

1. Umwandlung von Baumreihen in Hecken

1. 1 Die Baumreihe wird im unbelaubten Zustand auf ganzer Länge von der Seite fotografiert. Die Schwarzweiß-Fotos sollten sich überlappend aufgenommen werden, um später zu einem Panoramafoto zusammengesetzt werden zu können (Fotogestützte Dokumentation der Ausgangslage). Wenn möglich sollte ein tiefer Kamerastandpunkt gewählt werden, damit sich die Bäume scherenschnittartig vor dem helleren Himmel abheben.

1. 2 Besonders schöne, landschaftsprägende Bäume, die der späteren Hecke ihre einzigartige Silhouette verleihen sollen, werden sowohl auf dem Foto als auch vor Ort eindeutig gekennzeichnet (Unterschutzstellung). Dieser wertvolle Baumbestand bleibt unangetastet und darf auch später durch das Fällen benachbarter Bäume nicht in Mitleidenschaft gezogen werden.

1. 3 Seltene Bäume, die aufgrund ihres Alters die Stockausschlagfähigkeit eingebüßt haben, bleiben zunächst noch stehen, um die Verbreitung der Art im näheren und weiteren Umfeld (Waldränder und Hecken) zu untersuchen. Gelingt es, weitere Exemplare dieser Baumart in der Hecke

Die Hecke schweigt sich über die eigene Pflegebedürftigkeit aus. Pflegekolonnen rücken also scheinbar „ungerufen" an und müssen sich nicht selten gegen aufgebrachte Spaziergänger argumentativ zur Wehr setzen. Kein Wunder also, daß der ideale Zeitpunkt für den Beginn der Heckenpflege in der Regel verschlafen wird. Ein Hinweisschild könnte Abhilfe schaffen: „Aus ökologischen Gründen wird diese Hecke in den nächsten fünf Jahren abschnittweise und behutsam auf den Stock gesetzt. Die beiden Eichen werden von dieser Pflege ausgenommen."

zu etablieren, kann der Baum später, falls er überzählig sein sollte, gefällt werden. Da grundsätzlich alle Waldbaumarten, also beispielsweise auch Rotbuchen, Eichen oder Linden, im Jugendstadium durch rechtzeitigen Rückschnitt in hervorragende Heckensträucher verwandelt werden können, ist die übliche Unterteilung in »ausschlagfähig« und »nicht ausschlagfähig« nur eine Bemäntelung der Tatsache, daß der Pflegeeingriff in der Hecke jahrzehntelang verschlafen wurde.

1. 4 Bäume mit Bruthöhlen sind ebenfalls zu kennzeichnen und von der Pflege auszunehmen, soweit sie nicht durch morsche Äste Spaziergänger auf daran vorbeiführenden Wegen gefährden.

1.5 Baumruinen (Totholz) sind – sofern sie keine Gefahr für Spaziergänger darstellen – bis zur vollständigen Verrottung in der Hecke zu belassen.

1.6 Das Abholzen aller übrigen Bäume ist nicht schlagartig vorzunehmen, sondern auf drei bis vier aufeinander folgende Jahre zu verteilen. Die Auswahl der zu fällenden Bäume wird am Schreibtisch geplant bzw. »ausprobiert« (fotogestützte Plenterpflege). Das erhöht die Akzeptanz in der Bevölkerung, und die ökologischen Anpassungsprozesse werden nicht überfordert. Es ist ratsam, das Fällen der Bäume in der Presse rechtzeitig anzukündigen und – der Kritik vorauseilend – mit einer fotogestützten Begründung zu unterfüttern.

1.7 Die Verwertung hochwertiger Hölzer (z.B. Kirsche) setzt die richtigen (im Holzfachhandel zu erfragenden) Schnittlängen sowie eine vorbildliche Zwischenlagerung und den rechtzeitigen Abtransport voraus. Es empfiehlt sich, diese Angelegenheit vor dem Fällen zu organisieren.

1.8 Das übrige Holz ist ggfs. zu unterteilen in

a) verwertbar für z.B. Zaunpfähle,
b) Feuerholz und
c) Rotteholz (Holz, das aus ökologischen Gründen bis zur vollständigen Verrottung in der Hecke verbleibt (siehe 4. 2).

1.9 Das reichlich anfallende Schwachholz (Gestrüpp) wird nur zu einem geringen Teil und auch nur punktuell an dafür geeigneten Stellen als bodennahes Gestrüppdickicht für z.B. Vögel, Igel und Amphibien in die erst entstehende Hecke eingebracht. Das übrige Gestrüpp diene an anderer Stelle zur Anlage von Benjeshecken und muß somit abtransportiert werden.

1.10 Unverkäufliches bzw. ungenutztes Holz (ab 10 cm Dicke) wird in Form von Holzrotten punktuell in die Hecke eingebracht und muß besonders in Hanglagen verrutschsicher gestapelt werden.

__Plus und Minus__ halten sich am Anfang noch die Waage, denn den Vorteilen der Hecke stehen natürlich auch Kosten gegenüber. Mit dem Heranwachsen der Hecke ändert sich das Bild: Die Vorteile - z.B. Ertragssteigerungen - überwiegen die Nachteile - z.B. Schneckenfraß - bei weitem. Durch Schattenwurf der Heckenbäume entstehen auf der Grünlandseite keine nennenswerten Nachteile. Fällt jedoch der Schatten auf den Acker, sieht es anders aus. Daher muß die Zahl der Bäume in der Hecke den jeweiligen Umständen angepaßt werden.

1. 11 Die Zahl der zu schonenden Bäume in der Hecke richte sich vor allem nach dem landwirtschaftlichen Umfeld. Fällt z.B. der Schatten auf Wiesen und Weiden, können bis zu zehn Bäume je 100 m geduldet werden. Bei einer Feldhecke reichen zwei bis drei »landschaftsprägende Bäume«. Sind nach drei bis vier Jahren alle überzähligen Bäume gefällt worden, kann erstmalig von einer richtigen Hecke gesprochen werden, die dem nun folgenden Heckenpflegekonzept zu unterwerfen ist.

2. Die eigentliche Pflege der Hecke

2. 1 Auch hier ist es gelegentlich ratsam, den Pflegeeingriff vorher in der Presse anzukündigen.

2. 2 Nachdem die Überhälter deutlich gekennzeichnet sind (damit versehentliches Fällen mit Sicherheit ausgeschlossen ist), wird die Hecke auf ganzer Länge in 20m-Abschnitte unterteilt und zwar sowohl auf dem Pflegeplan als auch in der Hecke selbst (mit diskret angebrachten, nummerierten Pfosten). Ein unterhalb der Nummer angebrachter Pfeil zeigt unmißverständlich an, ob z.B. der Pflegeabschnitt Nr. 5 links oder rechts vom Pfosten liegt!

2. 3 Es versteht sich von selbst, daß jeder Heckenzug einen Namen haben muß (z.B. Veilchenhecke oder Hermelinhecke). Anrückende Pflegekolonnen sollten nicht raten müssen, mit welcher Hecke sie es zu tun haben.

2. 4 Die Hecke wird abschnittweise und planmäßig auf den Stock gesetzt, d.h. ca. 20 cm über dem Boden sauber und etwas schräg abgesägt. Die Auswahl der auf den Stock zu setzenden Pflegeabschnitte finde (nach vorausgegangener Begehung) am Schreibtisch statt! Hierbei sind drei ökologisch, klimatisch und landschaftsästhetisch bedeutsame Postulate zu beachten:

a) Pflegeabschnitte haben grundsätzlich eine Länge von 20 Metern. (Nur am Ende einer Hecke können und werden sich »Restlängen« ergeben, die entweder etwas kürzer oder etwas länger sind.)
b) Pro Jahr dürfen höchstens 20 % aller Heckenabschnitte auf den Stock gesetzt werden.
c) Pro Jahr müssen wenigstens 10 % aller Heckenabschnitte auf den Stock gesetzt werden.

Bei der »20%-Pflege« ist die Gesamtlänge aller Hecken nach fünf Jahren durchgepflegt. Vorteil: Anschließend fünf Jahre kein Heckenrückschnitt. Nachteil: Der Personal- und Maschineneinsatz kommt aus dem Tritt.

Bei der »10%-Pflege« findet ein kontinuierlicher Pflegeeinsatz statt, denn wenn nach 10 Jahren alle Hecken durchgepflegt sind, beginnt der Rückschnitt erneut auf jenen Pflegeabschnitten, die jetzt 10 Jahre alte Stockausschläge tragen.

Eine fotogestützte Plenterpflege
leistet bei der Renovierung total vergeilter Wallhecken (Hochsalat) unschätzbare Dienste. Die Fotos werden hart (scherenschnittartig) kopiert, auf eine bequem hantierbare Größe gebracht (auf den Fotos müssen die Bäume ca. 15 bis 20 cm hoch sein) und zu einem - den ganzen Heckenzug umfassenden - Panoramafoto zusammengeklebt werden. Durch das ausprobierende Abdecken der im ersten Durchgang zu fällenden Bäume, werden die zu schonenden Überhälter visuell freigestellt und die entstehenden Pflegelücken vorstellbar.

Bei der »20%-Pflege« wird eine ausreichend hohe und bei der »10%-Pflege« wird eine optimale Altersstufenvielfalt erzielt, die in Kombination mit einer anzustrebenden standortgerechten Sträuchervielfalt zu einer geradezu sensationellen Artenvielfalt in der Hecke führt. Das Wissen um diese Zusammenhänge motiviert das Pflegepersonal und ist der beste Schutz vor ungerechtfertigter Kritik.

2. 5 Das abschnittweise Auf-den-Stock-setzen läßt also immer nur 20 Meter lange Pflegelücken entstehen, die nach Möglichkeit »etwas ungleichmäßig« über die Gesamtlänge der Hecken zu verteilen sind, was nur am Schreibtisch geplant werden kann.

2. 6 In den zur Pflege anstehenden Abschnitten wird nun nicht etwa wahllos alles abgesägt, sondern folgende Bäume und Sträucher von der Pflege ausgenommen:

a) Die bereits gekennzeichneten Bäume (Überhälter) grundsätzlich.
b) Brombeergebüsch, weil eine Pflege völlig unnötig wäre.
c) Heckenrosen, damit sie sich voll entfalten können.
d) Pfaffenhütchen, denen dadurch ein Vorsprung gegeben wird.

Die Rücksicht auf b) bis d) darf allerdings nicht zu einer unzumutbaren Behinderung beim Maschineneinsatz führen, d.h. Verletzungen dieser Sträucher durch umstürzende Bäume oder größere Äste sind hinzunehmen.

2. 7 Um die Stockausschläge (nur) im ersten Jahr vor Rehwildverbiß zu schützen, ist die Pflegelücke (auf den Stock gesetzter Pflegeabschnitt) mit Gestrüpp unbetretbar zu machen: »Rehe meiden Knackgeräusche« (Prof. August Bier).

2. 8 Größere Kahlstellen in der Hecke sollten im Frühjahr mit Sträuchern bepflanzt und anschließend mit Gestrüpp eingehüllt werden (modifizierte Benjeshecke).

3. Konturenausformung

3. 1 Eine nach dem Benjes-Konzept gepflegte bzw. angelegte Hecke wird in der Höhe nur durch die natürliche Wuchshöhe der unterschiedlichsten und standortgerechten Sträucher geprägt und durch den zehnjährigen Pflegeinterwall gebremst. Diese Hecken haben also eine unvergleichlich abwechslungsreiche und stufige Silhouette aufzuweisen, die – zusätzlich aufgelockert durch landschaftsprägende Einzelbäume – von großer ökologischer, landschaftsästhetischer und kleinklimatischer Bedeutung ist.

Die Schokoladenseite der Lesesteinhaufen sei immer nach Süden oder nach Westen gerichtet, um so viel Wärme wie möglich in die Nacht hinüberretten zu können. Was sich unter den Steinen verbirgt, ist kreisrund und schwarz und bleibe vorsichtshalber ein Geheimnis.

3. 2 Die Breite einer Hecke sollte mindestens vier Meter betragen, doch erhöht sich die ökologische und klimatische Wertigkeit mit jedem zusätzlichen Meter ganz beträchtlich.

3. 3 Auf beiden Längsseiten sollte die Hecke eine Saumzone von mindestens einem Meter Breite aufweisen. Auch hier ist jeder Meter, ja selbst Dezimeter mehr von größter Bedeutung.

3. 4 Die beiden Saumzonen einer Hecke würden mit der Zeit verbuschen und sind daher ebenfalls einem Pflegekonzept zu unterwerfen. Sie sind abschnittweise zu mähen, doch mit Rücksicht auf die Zweitbrutphase der Bodenbrüter niemals vor dem 15. Juli. Siehe: Kapitel »Die Pflege der Heckensaumzone«.

Alleen und Baumreihen *aus der Postkutschenzeit können dem heutigen Autoverkehr kaum angepaßt werden. Viele Autofahrer fordern daher das Installieren von Leitplanken, um weiterhin haarscharf an den Bäumen entlangrasen zu können. Die tödliche Gefahr wird also durchaus erkannt, führt aber nicht zu einer Reduzierung der Geschwindigkeit. Darum wird schon eine ganz normale Reifenpanne zum unkalkulierbaren Risiko und endet leider viel zu oft mit einer Katastrophe.*

3. 5 Nicht zu empfehlen ist der leider sehr verbreitete seitliche (vertikale) Flankenschnitt durch sogenannte Astknacker, Buschtrimmer und Wallheckenschneider und dies aus folgenden Gründen:

a) Verheerender ästhetischer Eindruck durch schnurgerade, unnatürliche Formen und Linien.
b) Keine Altersstufenvielfalt und daher deutlich geringere Artenvielfalt.
c) Windtunneleffekte und Windturbulenzen durch »Hecken wie Mauern«.

3. 6 Dagegen entwickelt die horizontal (20 cm über dem Boden) und abschnittweise gepflegte Hecke eine abwechslungsreiche Stufigkeit der Heckensilhouette sowie eine durch Sträuchervielfalt und Pflegerythmus natürlich entstehende Buchtigkeit der Heckenflanke. Beide

Glück im Unglück auf der B3 bei Darmstadt-Eberstadt: „Ein Autofahrer verlor die Gewalt über sein Fahrzeug" und landete (butterweich ist vielleicht übertrieben) unverletzt in einer Straßenhecke. Die tödliche Energie des heranrasenden Autos wurde von der Hecke bis zur Sollbruchgrenze „verzehrt"! Der Autofahrer kam mit dem Schrecken davon. Straßenhecken könnten viele Menschenleben retten, müßten dann allerdings auch einer speziellen Plenterpflege unterworfen werden, um das „Auffangpotential" nicht durch die Sukzession wieder zu verlieren.

Pflegeeffekte sind hervorragend geeignet, die Kraft des Windes – aus welcher Richtung er auch immer komme – aufzufächern und zu bremsen.

3. 7 Das Auf-den-Stock-setzen der Hecke geschieht in der Regel mit handbetriebenen Motorsägen, doch sind für Großeinsätze auch hydraulische Kreissägen (am Ausleger) geeignet, sofern das Umfeld der Hecke mit entsprechenden Fahrzeugen befahrbar ist.

4. Ökologische Aufwertung der Hecke mit Zusatzelementen: Trittsteinbiotope in und an der Hecke

4. 1 *Lesesteinhaufen*

Diese sind so anzulegen, daß im Inneren sowohl mittlere als auch größere Hohlräume auf Dauer entstehen. In Frage kom-

Rettung durch Leberwursttheorie

Die Leistungsgruppe Biologie an der Alfred-Delp-Schule in Dieburg / Odenwald, unter der Leitung von Oberstudienrat Peter Schäfer, sah sich nach der Anlage dieser Benjeshecke gleich dem Vorwurf ausgesetzt, durch das Gestrüpp sei ein nicht hinnehmbarer Unterschlupf für Ratten geschaffen worden. Wir haben uns seinerzeit mit dem Argument zur Wehr gesetzt, daß mit einer Rattenplage eigentlich nur dann zu rechnen ist, wenn geräucherte Leberwürste zentnerweise in die Benjeshecke gehängt werden. Selbst ein Mitglied des angesehenen Senckenberg-Instituts in Frankfurt am Main, das von einem Benjeshecken-Anlieger aus Gernsheim hilfesuchend konsultiert wurde, vertrat die absurde Rattentheorie und konnte erst mit Hilfe der Leberwursttheorie wissenschaftlich ruhiggestellt werden.

men nur die Süd- und Westseiten einer Hecke, damit die tagsüber aufgeheizten Steine die Wärme mit in die Nacht nehmen und erst dadurch zu einem Magnet für Insekten werden (Schlangen, Eidechsen, Kröten, Mäuse und Wiesel profitieren davon).

4. 2 Heckenholzrotte

Ansonsten unverwertbares Holz wird abrutschsicher gestapelt. Sinnvoll sowohl auf der Sonnen- als auch auf der Schattenseite. Stabil aufgetürmte Baumstubben, die für 10 bis 15 Jahre wahre Zersetzerparadiese schaffen, sind besonders wertvolle Holzrotten.

Die Benjeshecke der Alfred-Delp-Schule in Dieburg

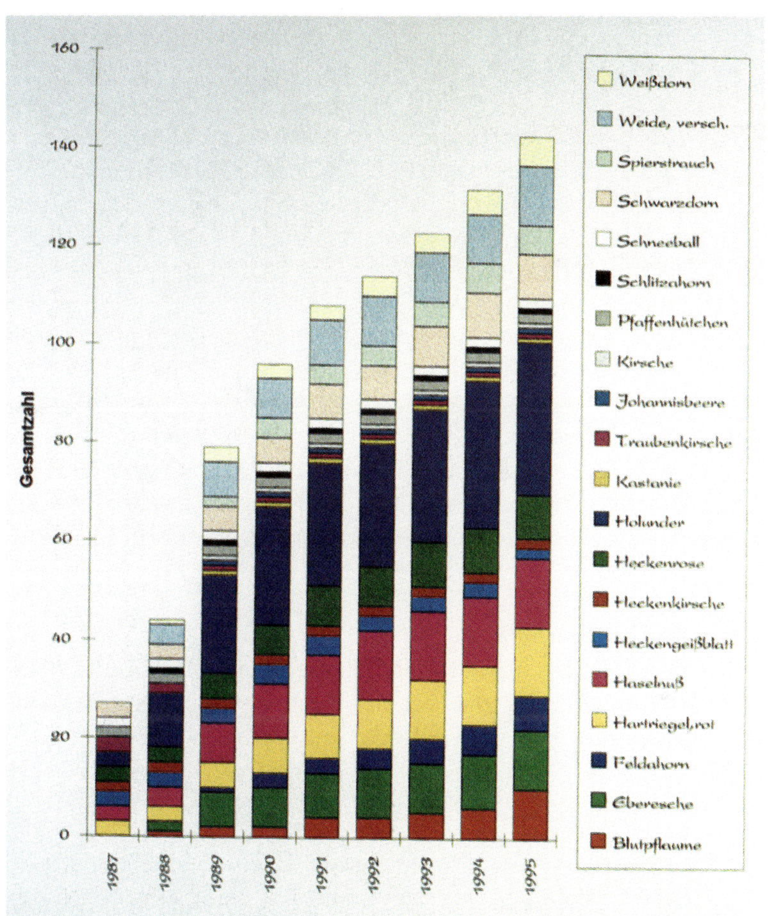

Sukzession einer Benjeshecke an der Alfred-Delp-Schule in Dieburg. 1986 mit Pappelgestrüpp angelegt, 1987 auf einer Länge von 200 m mit 26 Heckensträuchern nachträglich bepflanzt (nur alle 7,5 m ein Strauch!), ist die Zahl der Sträucher mit Hilfe der Vögel inzwischen auf 150 gestiegen (Stand: 1996). Schriftliche Protokolle, Fotos und Videofilme haben die Sukzession über einen Zeitraum von zehn Jahren lückenlos festgehalten. Zahlreiche Exkursionen, Zeitungs-, Rundfunk- und Fernsehreportagen (darunter ein vom ZDF gedrehter Heckenfilm mit Nina Ruge) haben dieser Benjeshecke immer wieder Auftrieb gegeben.

4. 3 *Heckenfeuchtstelle*

Oft ist es mit wenig Aufwand möglich, Regenwasser über kleine Rinnen von Wegen oder Böschungen in eine künstlich geschaffene Vertiefung (Heckenfeuchtstelle) zu leiten, die als Insekten- und Vogeltränke gerade an bachfernen Hecken ökologisch bedeutsam sein kann.

4. 4 *Wind- und Kälteschutz*

kann für z.B. Hasen und Rebhühner durch Brombeerdickichte in der Hecke bewußt geschaffen werden. Besonders in schneearmen Wintern bedeutsam. Punktuell lassen sich in Feldhecken auch Pulks von 10 bis 15 Nadelbäumen (Kiefer und Fichte) schaffen, die durch radikalen Rückschnitt bodennah verdichtet werden können und dann in ausgeräumter Flur einen attraktiven Wind- und Kälteschutz darstellen.

4. 5 *Nistkästen*

Feldsperlinge und andere Höhlen- oder Halbhöhlenbrüter finden in der Hecke alles – außer Nistplätzen. Darum sollten diesen Vögeln entsprechende Nistkästen mardersicher angeboten werden.

4. 6 *Heckenkompost*

Für Igel, Dachs und viele andere Tiere interessanter Trittsteinbiotop, der das bei der Saumzonenpflege anfallende Schnittgut ganz oder teilweise entsorgt.

Die Pflege der Heckensaumzone ist untrennbar mit der abschnittweisen Heckenpflege verbunden. Da wir heute ganz genau wissen, durch welche Mittel und Maßnahmen Heckensäume, Wald- und Wegränder - bundesweit - in paradiesisch blühende Bandbiotope verwandelt werden könnten, gehe es vorschlagsweise ab sofort erst einmal um die Frage, weshalb wir uns untertänig und geradezu sklavisch mit der Notlüge abfinden, das Ausmaß derartiger Flurbelebungen sei überhaupt nicht finanzierbar!

Im Gegensatz zum Waldrand, der ja nur auf einer Seite mit der Landschaft eine Grenze bildet, wird die Hecke bekanntlich auf beiden Seiten von ihr begrenzt. Da das niemand bestreitet, wird es in der Praxis auch kaum beachtet.

Selbstverständlichkeiten, wie zum Beispiel saubere Atemluft oder reines Trinkwasser, sind jedoch der Gefahr ausgesetzt, durch Ignoranz gefährdet oder sogar zerstört zu werden. Von dieser Kulturkrankheit sind auch die Ränder der Hecken betroffen. Man beachtet sie in der Regel gar nicht, also wird ihnen übel mitgespielt. Viel wäre schon erreicht, wenn man die Leute dazu bringen könnte, sich eine Hecke immer in der »Komplettausführung« vorzustellen. Leider stellt die »kastrierte« Hecke, also eine Hecke ohne Saum, den Normalzustand dar.

Erkennen wir zunächst an, daß eine Hecke überhaupt noch (oder schon wieder!) vorhanden ist. So, die Hecke hätten wir also schon mal, und ist sie wenigstens vier Meter breit, besteht sogar der Grund zur Vorfreude auf das, was ihr zur Zeit noch fehlt aber mit Sicherheit kommen wird. Man lasse nun den Blick von der Hecke langsam auf die ihr vorgelagerte Saumzone gleiten. Das ist der Randstreifen, der jede Feldhecke beidseitig flankieren sollte, um sie gegen das mehr oder weniger intensiv genutzte Umfeld besser abschirmen zu können.

Wenn Sie diese Saumzone der Hecke nicht auf Anhieb erkennen können, bitte nicht in Panik geraten oder gleich zum Augenarzt gehen; es könnte nämlich sein, daß ihre Augen in Ordnung sind. Die Freude, sich keine neue Brille kaufen zu müssen, obwohl man die Saumzone nicht erkennen kann, wird schnell wieder aufgezehrt durch die Beklemmung, die uns beim Anblick einer derart kastrierten Hecke befällt: Zwischen Acker und Hecke gibt es nichts! Dieses Nichts könnte man gerade noch als Heckenkante bezeichnen, aber Heckenrand wäre schon zu hochgegriffen, und von einer Saumzone kann überhaupt keine Rede sein. Wer in der Bundesrepublik Deutschland – egal wo – auch nur zehn Hecken untersucht, wird staunen. Nach etwa einhundert untersuchten Hecken geht das Staunen in die Gewißheit über, daß hier kostbare Perlen buchstäblich im Dreck und zwar in der Ackerfurche liegen!

Ich habe mir auf meinen Vortragsreisen quer durch das Land weit über tausend Feldhecken angesehen und bei dieser Gelegenheit natürlich auch einen Blick auf das Umfeld dieser Hecken geworfen. Es war fast überall das Gleiche: Die Saumzonen sind entweder zu schmal oder überhaupt nicht vorhanden, und die vorhandenen werden entweder gar nicht oder völlig falsch gepflegt! Die ökologische Bedeutung der Saumzonen ist wissenschaftlich unbestritten; sich aber um diese Saumzonen auch zu kümmern, das ist wissenschaft-

Grenzlinien sind die biologisch besonders wirksamen Übergänge von einem Biotop zum andern. Hier ist die Grenze zwischen Hecke und Saumzone gut zu erkennen. Da diese Grenzlinien über eine ungewöhnlich große Artenvielfalt verfügen, ist es sinnvoll, sie in Zickzack- oder Wellenlinien deutlich zu verlängern, indem wir die Heckenflanke mit Sense, Axt und Schere so buchtig wie möglich gestalten.

lich verkümmert. Pflegekonzepte, mit denen man etwas anfangen könnte, sind nicht vorhanden, weil sie ja auch gar nicht vermißt werden! Eine Landschaft, die nach Hecken schreit, steht also einer Landschaft gegenüber, in der es zwar noch Hecken gibt, nur eben in der Nacktausführung – ohne Saumzonen. Bei der Benjeshecke haben wir bereits gesehen und erlebt, daß die Saumzone der eigentlichen Feldhecke durchaus vorauseilen kann, also von vornherein vorhanden ist, während die aus Sträuchern bestehende Hecke erst in einigen Jahren voll in Erscheinung tritt.

Bei bereits vorhandenen Hecken ist also dafür zu sorgen, daß auf beiden Seiten der Hecke ein mindestens ein Meter breiter Streifen feierlich zur Heckensaumzone erklärt wird. Feierlich deshalb, weil ein ökologisch so bedeutsamer Schritt nicht sang- und klanglos über die Bühne gehen darf, während sich beispielsweise der Landrat beim Bieranstich zur Verherrlichung des Saufens hinreißen lassen darf.

Wie wir gleich sehen werden, ist die konsequente Einrichtung und Pflege der Saumzonen an Hecken und Waldrändern ein besonders vielversprechender Schritt zur Rettung der Artenvielfalt und darum zweifellos ein Grund zum Feiern. Bei einer Heckenmindestbreite von vier Metern (gerne etwas breiter!) und zwei Saumzonen von je einem Meter Breite (gerne etwas mehr!), müssen für die Anlage von Feldhecken also grundsätzlich mindestens sechs Meter

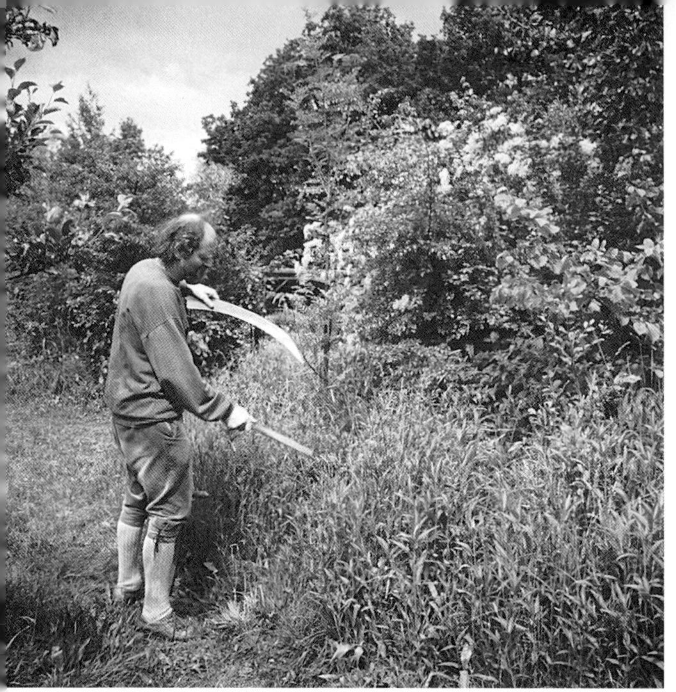

Rektor Heinrich Benjes, *mein Bruder, hatte sich vor langer Zeit mit dem Hausbau übernommen, so daß für den Gartenzaun kein Geld mehr übrig war. Das sprach sich bei den Rehen herum; die kamen nämlich nachts in seinen Garten und fraßen den Kohl. Als echter Naturbursche stets bei offenem Fenster schlafend, hat er sich das zufriedene Mampfen der Viecher dann auch noch mit anhören müssen. In seiner Not hat er dann - zum Entsetzen des Nachbarn - den Garten mit einem Gestrüppwall abgeriegelt und ist als Biologielehrer anschließend aus dem Staunen nicht mehr herausgekommen. »Darüber solltest Du mal was schreiben«, meinte er. »Man kann doch über Gestrüpp kein Buch schreiben!« So ist die Benjeshecke entstanden.*

breite Geländestreifen zur Verfügung gestellt werden. Zu schmal angelegte Behördenhecken können auch nachträglich noch durch parallel verlaufende Benjeshecken problemlos auf diese Breite gebracht werden. In diesem Falle sollte der Wildschutzzaun dann aber wenigstens auf der Gestrüppseite entfernt werden.

Bleibt die Saumzone der Hecke – wie üblich – sich selbst überlassen, rückt die Hecke auf breiter Front vor und reißt sie sich unter den Nagel! Teils durch Wurzelbrut, besonders die Schlehe neigt dazu, teils durch den Plumpskloeffekt der Vögel und zum Teil auch durch Samenflug geht der Streifen an die Hecke verloren. Innerhalb von 5 bis 10 Jahren wäre die Saumzone total verheckt. Jetzt die Bauern zu bitten, noch mal einen Streifen Land herauszurücken, weil die Kräutervielfalt doch ökologisch so bedeutsam ist, hieße, für Faulheit und Dummheit auch noch belohnt werden zu wollen. Dort, wo die Saumzone durch unterbliebene Pflege verbuscht ist, müssen mit Motorsägen das Gestrüpp entfernt und mit dem Meißelpflug die Wurzelstöcke mühsam herausgerissen werden. Eine Knochenarbeit, die kaum zu bezahlen ist und ja nur deshalb anfällt, weil die zustän-

__Die Donnerbalkenfunktion__ und der Plumpskloeffekt zeigen sich oft erst nach Jahren - wenn schon keiner mehr so recht an einen Erfolg der Benjeshecke glauben mag. Was meine Kritiker voreilig als totalen Fehlschlag bezeichnen, bringt die Biologen immer wieder ins Schwärmen. So auch bei dieser Hecke des Benjeshecken-Pioniers Udo Friedrich aus Michelstadt. Alles den Vögeln überlassend, hat Friedrich hier ein wunderbares Insektenparadies geschaffen. Und die Sträucher? Sie kommen! Und die vielen Lücken? Wachsen allmählich zu; den Biologen übrigens viel zu schnell!

digen Leute den richtigen Zeitpunkt der Pflege verschlafen haben. Für diesen Trotteleffekt hat Michael Gorbatschow die passenden Worte gefunden, als er in historischer Stunde zu Honnecker sagte: »Erich, wer zu spät kommt, den bestraft das Leben!«

Bevor wir uns aber Gedanken über die richtige Pflege der Saumzonen machen, müssen wir uns darüber klar werden, was mit dieser Pflege überhaupt erreicht werden soll (Zielvorgabe). Die drohende Verbuschung auf diesem Teil der Hecke zu verhindern, ist zwar notwendig und wünschenswert, aber als Ziel etwa so mitreißend wie der Wunsch, von Blähungen verschont zu bleiben. Der Mensch strebt bekanntlich Höherem zu und sollte es auch an der Hecke tun, denn gerade dort gehen noch Wünsche in Erfüllung, und darum kann die Heckenwunschliste gar nicht lang genug sein! Ganz oben auf dieser Liste steht in meinem Flurbelebungspostulat die Verheißung, aus der Saumzone eine pflanzliche Artenvielfalt herauskitzeln zu können (die tierische folgt automatisch), die für so manche Diplomarbeit reicht und jeden Botanikprofessor vor lauter Glück ganz schlapp werden läßt. Man lasse sich zunächst von einem Fachmann (es darf

Typ III-Flächen *werden nur jedes zweite Jahr gemäht, um an der Hecke auch Abschnitte zu haben, die voller Samen ungeschoren in den Winter gehen. Das sind wir nicht nur den Mäusen und Vögeln schuldig: zahlreiche Insektenarten überwintern in verschiedenen Entwicklungsstadien an oder in den Halmen und Stengeln der Gräser und Kräuter.*

Typ I-Flächen *werden mit Rücksicht auf die Zweitbrutphase der Bodenbrüter, z.B. des Rotkehlchens, nur einmal im Jahr, doch nie vor Mitte Juli gemäht.*

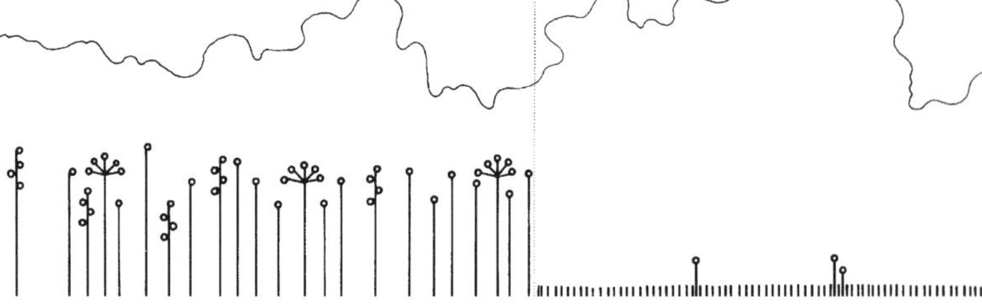

auch eine Fachfrau sein) den Umgang mit der Sense erklären. Auch ein Dengelkurs, wie er beispielsweise von Oberstudienrat Peter Schäfer an der Alfred-Delp-Schule in Dieburg/Odenwald angeboten wird, könnte nicht schaden, denn eine Sense muß gedengelt werden, um diesen wunderbar satten Schnitt bieten zu können, den das Mogeln mit der Feile nicht halb so gut hervorbringen kann.

Wie wäre ich froh, wenn die Besserwisser an der Naturschutzfront mit der Sense in der Hand wenigstens einmal zum Schweigen gebracht würden. Hinterher wäre es sicher ein Genuß, ihnen wieder zuzuhören. Die geschärfte Sense niemals geschultert durch eine belebte Fußgängerzone tragen, sondern vom Sensenstiel getrennt kindersicher mit einem Kartoffelsack verschnürt!

Da die Hecke sowohl im Heckenbuch als auch vor Ort in zwanzig Meter lange Pflegeabschnitte unterteilt werden muß, kann die parallele Saumzone diesen kartierten Abschnitten problemlos zugeordnet werden. Der Heckenabschnitt 16 H (H = Hecke) liegt dann also dem Saumzonenabschnitt 16 S (S = Saum) »pflegeleicht« gegenüber. Während nun aber die einzelnen Pflegeabschnitte der

Typ II-Flächen werden sogar zweimal pro Jahr gemäht (Mitte Juli und Ende Oktober), um diese Abschnitte der Heckensaumzone regelrecht auszumagern. Sie werden mit einer Blütenpracht reagieren, die das Herz jedes Heckengärtners und die Flügel zahlreicher Falter vor Freude zum Flattern bringen.

Typ IV -Flächen werden vier Jahre in Ruhe gelassen und erst im fünften Jahr Ende Oktober gemäht. Besonders auf diesen Abschnitten können wir die bildschöne Wespenspinne beobachten, wie sie ihr eigentümliches Netz vertikal im Trampelpfad der Rehe verankert, um diese »Insektenrennbahn« dann um so leichter als Schlaraffenland nutzen zu können.

eigentlichen Hecke nur alle zehn Jahre auf den Stock gesetzt werden, muß auf dem Heckensaum der Pflegerythmus den sehr viel kurzlebigeren Gräsern, Kräutern und Stauden angepaßt werden. Zunächst werden die Abschnitte kartiert und durch Pflöcke wiederauffindbar gekennzeichnet. Anschließend werden die Zwanzig-Meter-Abschnitte der Saumzone in vier verschiedene Pflegetypen unterteilt.

Mein Saumzonenpflegekonzept sieht z.B. für den Pflegetyp I das einmalige Mähen pro Jahr vor und zwar gleich nach dem Ende der Zweitbrutphase der Bodenbrüter = Mitte Juli (siehe Abb. Seiten 118-119). Der mit der Sense, mit der Motorsense oder mit dem Balkenmäher gemähte Pflegeabschnitt der Saumzone ist also immer nur zwanzig Meter lang.

Die Abschnitte des Pflegetyps II werden sogar zweimal pro Jahr gemäht; vorschlagsweise zum ersten Male Mitte Juli und zum zweiten Male im Oktober. Die Typ-II-Flächen sollen regelrecht ausgemagert werden, um desto üppiger blühen zu können.

Pflegetyp III wird nur jedes zweite Jahr gemäht (Mitte Juli), um an der Hecke auch Abschnitte zu haben, die der Vögel und Mäuse wegen mit Samen ungeschoren in den Winter gehen können. Typ IV schließlich wird nur alle fünf Jahre gemäht und muß besonders gut beobachtet werden. Sollte sich nämlich herausstellen, daß die Hecke schon nach drei oder vier Jahren der Sense holzige Triebe entgegenstellt, muß die Mahd um ein bis zwei Jahre vorgezogen werden.

Die Kunst der Saumzonenpflege besteht nun darin, herauszufinden, welche Abschnitte welchem Pflegetyp zugeschlagen werden sollten. Ein guter Heckengärtner wird es zu vermeiden wissen, daß zwei Abschnitte des gleichen Typs nebeneinander liegen! Man sollte sie also bunt über die ganze Heckenlänge verteilen; entweder gefühlsmäßig, und damit jeden Besserwisser zur Raserei bringend, oder wissenschaftlich fundiert, d.h. den unterschiedlichsten Standortbedingungen entsprechend.

Wir haben ja Zeit und können die einzelnen Abschnitte zu jeder Jahreszeit untersuchen. Klar, daß wir durch diese Erfahrungen von Jahr zu Jahr besser werden und dann auch korrigierend eingreifen können, wenn sich herausstellen sollte, daß hier und da doch besser ein anderer Pflegetyp als zunächst vorgesehen zum Zuge kommen sollte. Eine in Nord-Süd-Richtung verlaufende Feldhecke hat für wärmeliebende Pflanzen und Tiere zwei unterschiedliche Saumzonen, obwohl der östliche Heckensaum genausoviel Sonne und Tageslicht erhält wie der westliche, denn auf der Westseite kann die Nachmittagswärme bis in die Nacht hinein abstrahlen, während die Ostseite schon am frühen Nachmittag im Schatten der Hecke liegt. Lesesteinhaufen sind daher immer so anzulegen, daß sie noch von den letzten Strahlen der Sonne getroffen werden.

Noch gravierender sind die Unterschiede beider Saumzonen an Hecken, die in Ost-West-Richtung verlaufen. An diesen Hecken steht eine warme und trockene Südseite der kühlen und feuchten Nordseite kontrastierend gegenüber. Gerade bei diesem Heckentyp könnte man geneigt sein, die nördliche Saumzone ersatzlos zu streichen, um sie der vermeintlich wertvolleren Südseite großzügig zuzuschlagen. Punktuell mag es sinnvoll sein, die südliche Saumzone auf Kosten der Nordseite zu verbreitern, aber generell ist auch die schattige Saumzone ökologisch unverzichtbar und vermutlich auch ebenso wertvoll. Machen wir uns also auf zahlreiche Überraschungen gefaßt und freuen wir uns schon heute auf die Erfolgserlebnisse von morgen! Es möge dann der Wissenschaft überlassen bleiben und ihr vergönnt sein, herauszufinden, ob eine auf den jeweiligen Saumzonenabschnitt bezogene Pflegetypfestlegung überhaupt möglich und nötig ist; aber lassen wir es nicht zu, daß die Pflege der Säume auch weiterhin versäumt wird!

Dem Biologen Dr. Reinhard Witt verdanke ich die Anregung, sich

Die Gartenkralle *hat sich zum Geheimtip der Heckengärtnerinnen gemausert, da sie schwere Arbeit auch für Frauen zum Vergnügen werden läßt. Um auf den völlig vergrasten Saumzonen Blumennester anlegen zu können, müssen die Grassoden natürlich erst einmal entfernt werden. Aber wie? Zunächst wird das Gras gemäht und dann „im Handumdrehen" regelrecht zerrissen. Abharken, einsäen, mit etwas Gestrüpp gegen Samenpicker schützen, fertig!*

bei der Schaffung von Blütenparadiesen nicht nur auf die Sense zu verlassen. Der Wildkräuterspezialist Witt schlägt vor, entlang der Hecke gezielt Einsaaten vorzunehmen.

Viele werden sich jetzt fragen: »Ist das nötig?« Wir erinnern uns, daß es mit der Benjeshecke erst so richtig losging, als der langsame Plumpskloeffekt der Vögel und die Donnerbalkenfunktion der Zweige durch Initialpflanzungen (Lutosch / Guba) komplettiert wurden. Auch an der Saumzone wird unsere Geduld arg strapaziert, denn infolge der Überdüngung herrschen oft Brennesseln und Gräser vor, die sich mit der Sense wohl kurzhalten aber nicht so leicht ausschalten lassen. Erst nach Jahren der Ausmagerung (durch das unablässige Entfernen von Schnittgut) zeigen sich erste Erfolge.

Wer würde, wenn sich diese Entwicklung tatsächlich beschleunigen ließe, nicht schon im nächsten Sommer die Blumen an der Hecke sehen wollen?! Ich habe also volles Verständnis für diese Eile, möchter aber davor warnen, das kostbare Saatgut einfach auszustreuen. Mitte Juli, nach der ersten Mahd, werden statt dessen »Nester« angelegt, und das ist gar nicht so einfach. Ob mit Spaten oder schwerer Plaggenhacke, es ist besonders bei großer Trockenheit eine Schinderei, quadratmetergroße Flächen von der Grasnarbe zu befreien und in lockere Saatbeete zu verwandeln. Wer unbedingt Zivildienstleistende, freiwillige Helfer, ABM-Kräfte oder Jugendliche vergraulen will, der mute ihnen diese Knochenarbeit zu. Es geht aber auch anders, und zwar ganz einfach und leicht. Man nehme eine Gartenkralle, die mit relativ geringem Kraftaufwand (und bei gerader Haltung des Rückens!) die Grasnarbe regelrecht zerreißt und den darunter liegenden Boden im Handumdrehen lockert! Die lose aufliegenden Fetzen der Grasnarbe brauchen dann nur noch abgeharkt zu werden, und schon kann mit der Aussaat oder mit dem Pflanzen (!) der Wildkräuter begonnen werden. So groß wie eine Badewanne sollten diese Wildkräuternester schon sein, um der Umzingelung und dem Vordringen der Gräser möglichst lange gewachsen zu sein. Die Aussaat erfolge im Spätsommer, sollte aber bei großer Trockenheit witterungsbedingt auf Herbst oder Frühjahr verschoben werden.

Die Zahl der Nester richte sich nach der vorhandenen Kräutervielfalt in der Umgebung und sollte bei eintöniger Vergrasung nicht unter acht pro einhundert Metern liegen. Da Fasanen, Rebhühner und andere Vögel diese Nester mit Vorliebe in Staubbäder (Huderplätze) verwandeln, müssen sie bis zur erfolgten Begrünung mit Zweigen »ungemütlich« gemacht werden.

Größere Einsaaten, die mit Hilfe eines Schälpflugs entlang der ganzen Hecke erfolgen, bedürfen dieses Schutzes gegen staubbadende Vögel natürlich nicht, doch vereinzelte Wildkräuternester hätten ohne diese Starthilfe keine Chance, zumal die Vögel ja nicht nur alles durcheinander wirbeln, sondern obendrein auch noch die Samen aufpicken.

Die Saatgutbeschaffung kann durch das Sammeln und Ernten von Samen in der näheren Umgebung erfolgen. Falls dies nicht möglich sein sollte, steht die Aktion Naturgarten e.V. mit heimischen Wildkräutersamen und neuerdings sogar mit Jungpflanzen zur Verfügung (Adresse siehe »Ergänzende Erläuterungen«). Die Besserwisser an der Naturschutzfront, deren Aktivität sich auf die Beobachtung der Aktivitäten der Aktiven beschränkt, warnen vor Wildkräutern aus Bayern, weil diese im Saarland z.B. nicht standortgerecht genug seien. Ich rate diesen Kritikern, sich erst einmal um die Wildkräutersamenimporte aus der Türkei und aus den GUS-Staaten zu kümmen, die seit Jahren zentnerweise auf die heimische Flora losgelassen werden, ohne daß dies zu einer nennenswerten Expertenbeanstandung geführt hätte. Im Zweifelsfalle hilft das schöne arabische Sprichtwort: »Die Hunde bellen, aber die Karawane zieht weiter.« Wir erinnern uns, was über die Kombination Ökolandbau und Hecken im 7. Kapitel gesagt wurde. Ich gebe nun zu bedenken, sich doch einmal zu überlegen, was es im Hinblick auf die Wiederherstellung der Artenvielfalt wohl bedeuten würde, wenn der Altersstufenvielfalt in den Hecken die Saumzonenpflegevielfalt an den Hecken blühend zur Seite gestellt würde!

„Inmitten aller Geistes- und Wissenssteigerung leben wir heute in bezug auf das Geld noch in einem prähistorischen Nebel, und unsere geistigen und politischen Führer sind im Bettlergehorsam nach besten Kräften bemüht, diese Dunkelfelder zu erhalten und zu schützen. Deshalb gibt es auf der ganzen Erde kein Schulbuch über das Geld, und in allen sonstigen Bildungsschichten werden die zukünftigen Staatsbürger im Hinblick auf das Geld bewußt als absolute Analphabeten in das Leben entlassen, damit sie in stumpfer Unwissenheit dem obersten Gesetz der Geldvermehrung dienen und nicht erkennen, daß sie damit sich selbst und ihren Kindern das Grab schaufeln."

Hans Kühn

Drei Voraussetzungen lassen das Schlittschuhlaufen zu einem Genuß werden:

a) Eine spiegelblanke Eisfläche von respektabler Größe.
b) Es müssen auch passende Schlittschuhe vorhanden sein.
c) Die Beherrschung der Kunst des Schlittschuhlaufens.

Bei der bundesweiten Vernetzung von Lebensräumen mit Feldhecken sieht es so ähnlich aus. An drei ausschlaggebenden Faktoren geht kein Weg vorbei:

a) Die häßliche Ausräumung der Landschaft wird allgemein als störend empfunden und die totale Verheckung – zumindest dort, wo sie dringend geboten ist – wird als wünschenswert und durchführbar betrachtet.
b) Das nötige Fachwissen ist vorhanden, und der Wille, das angestrebte Vernetzungsziel schnellstmöglich zu erreichen, ist – wie seinerzeit bei der Flurbereinigung – kaum noch zu bändigen.
c) Geld – um dieses arbeitsplatzschaffende Vorhaben inklusive Folgekosten auch bezahlen zu können – ist reichlich, nein überreichlich vorhanden.

Die Positionen a) und b) dürften kein unüberwindliches Hindernis darstellen. Doch wie sieht es mit c) aus? Wie reichlich müßte diese Geldquelle eigentlich sprudeln; und »woher soll es denn kommen?« Ob da wohl zwei Milliarden DM reichen? Ich fürchte, das wird nicht langen und schlage darum vor, ruhig mal von 12 bis 15 Milliarden DM auszugehen. Wie komme ich dazu, derartige Summen in die Diskussion zu werfen und auch noch für bezahlbar zu halten, während doch oft genug schon tausendfach kleinere Beträge, also wenige Millionen DM, im Umwelt- und Naturschutz bereits als »völlig abwegig« und als kaum noch finanzierbar eingestuft werden? Dieses »Maßhalten im Fordern« wird zunehmend auch von den Umweltverbänden selbst praktiziert; darin sind sie sich mit ihren Gegnern bereits einig, das muß man sich mal vorstellen! Hier hat also in den letzten Jahren ein Anpassungsprozeß stattgefunden: Was die hohe Politik nicht einmal im Traum bereitstellen würde, das wird auch von Umweltschützern nicht für möglich gehalten und dann logischerweise auch nicht mehr ernsthaft gefordert. Würde man sich sonst über lächerliche Summen freuen, die uns gelegentlich wie Brotkrümel auf den blanken Teller gestreut werden? War das nicht immer und immer wieder »besser als gar nichts«? Fassen wir zusammen: Die Rettung der Artenvielfalt wird unser Land ein Heidengeld kosten, und fast alle (ich übrigens früher auch) sind sich darin einig, daß diese Summen nie und nimmer aufgebracht werden können.

Mit keinem Wort habe ich in den vier vorausgegangenen Auflagen dieses Buches einen rettenden Ausweg, also eine finanzielle Lösung dieses Problems, aufzeigen oder auch nur andeuten können. Die vermeintliche Unbezahlbarkeit der totalen Biotopvernetzung (zu der ja auch die punktuelle und besonders kostenintensive Aufhebung der verheerenden Landschaftszerschneidungen durch Autobahnen, Straßen und Bahntrassen gehört) hat sich bisher wie ein Hohn auf meinen Optimismus gelegt, denn auch ich war – wie schon erwähnt – unfähig, den sogenannten Sachzwängen die Maske vom Gesicht zu reißen! Apropos Sachzwänge: Diese haben besonders in Deutschland den Geßlerhut ersetzt; und so sieht man überall erwachsene Männer sich respektvoll verneigen und die Frauen sogar einen Knicks machen.

Da Schüler und Studenten bis auf den heutigen Tag »als reine Analphabeten des Geldes ins Leben entlassen werden« (Hans Kühn), unterbleibt in der Regel auch im Erwachsenenalter die Frage, ob beim Gelde (genauer gesagt: bei unserem Geldsystem) wirklich alles mit rechten Dingen zugeht. Um derartige Gedanken erst gar nicht aufkommen zu lassen, haben einflußreiche Kräfte, auf die ich an anderer Stelle eingehe (siehe Literaturhinweise), dafür gesorgt, daß eine bahnbrechende Entdeckung des deutsch-argentinischen Boden- und Geldreformers Silvio Gesell (1862-1930) zuverlässig – also medienunterstützt – totgeschwiegen wird. Ich selbst mußte über ein halbes Jahrhundert alt werden, bevor ich durch Zufall, und zwar kurz nach der Wende, anläßlich eines Heckenvortrags in Thüringen, ganz unverhofft mit dem Vermächtnis Silvio Gesells in Berührung kam! Ein junger Mann stellte mir damals die Frage, »Herr Benjes, zur Arbeitslosigkeit fällt Ihnen wohl nichts ein? « Mit dem Hinweis, bei diesem Problem etwa so ratlos und darum so hilflos wie der Bundeskanzler oder wie zum Beispiel die Gewerkschaften zu sein, versuchte ich, einer tiefschürfenden Diskussion zu entgehen. Widerwillig nahm ich das mir angebotene Informationsmaterial an und versprach, um den jungen Mann wieder loszuwerden, es mir bei Gelegenheit mal anzusehen. Zum Glück konnte ich in der darauf folgenden Nacht nicht einschlafen. Ich erinnerte mich dieser Unterlagen und begann sie zu lesen. Das war mein Einstieg in die »Natürliche Wirtschaftsordnung« Silvio Gesells. Eine überraschend umfangreiche und nicht für möglich gehaltene Literatur zu diesem Thema sowie die Vorträge namhafter Referenten, Seminare und Tagungen schlossen sich an und ließen in den folgenden Jahren bei mir den Entschluß reifen, die filzgefütterten, echtledernen ökologischen Scheuklappen abzulegen und den Blick auf das vernachlässigte, ja völlig übersehene Geld- und Bodenproblem zu lenken. »Wie ein Iltis, der Hühnerblut gerochen hat«, bin ich der unglaublichen Behauptung nachgegangen, daß z.B. die Massenarbeitslosigkeit allein schon »durch die Beseitigung eines Webfehlers in der Struktur des Geldes« in Vollbeschäftigung verwandelt werden könnte.

War ich kurz zuvor noch zu der Erkenntnis gekommen, das Ziel einer umfassenden Biotopvernetzung aus finanziellen Gründen vielleicht doch etwas bescheidener formulieren zu müssen, konnte ich jetzt meine Ziele sogar noch weiter fassen und den Schritt von der ökologischen Erosion zur sozialen Ungerechtigkeit wagen. Daß beides untrennbar miteinander verwoben ist, sich also gegenseitig bedingt, und daß die gemeinsame Ursache im heutigen Zinssystem liegt, das ist mir erst nach der Wende klargeworden.

In den Augen des herrschenden Kapitals waren und sind wir Umweltschützer »ganz schön doof«, vor allem pflegeleicht, denn es ist leicht, uns immer wieder auf Nebenkriegsschauplätze zu locken. So haben wir – wer könnte es leugnen? – die gerechte Verteilung des vorhandenen Geldes in Deutschland »höheren Mächten« überlassen. Zwar dürften einige von uns schon immer geahnt haben, daß z.B. den Arbeitslosen übel mitgespielt wird, doch waren wir nicht in der Lage, die märchenhafte Geldvermehrung der Krisengewinnler und die gleichzeitige Ausbeutung (Verarmung) eines immer größer werdenden Teils der Bevölkerung zu erklären, geschweige denn zu verhindern. Darum habe ich meinem abendfüllenden Diavortrag über das totgeschwiegene Vermächtnis Silvio Gesells 1995 das Buch »Wer hat Angst vor Silvio Gesell?« zur Seite gestellt: Motto: Wer nicht hören will muß lesen!

Tüchtig schimpfen, aber in den entscheidenden Fragen der Zukunftsgestaltung nicht kompetent zu sein, also gar nicht mitreden zu können, heißt, sich den konstruierten Sachzwängen brav zu fügen, so als wären sie von Gottvater daselbst erlassen worden. Hohe Schulden zwingen beispielsweise die Stadt Berlin dazu, absurde Sparmaßnahmen zu ergreifen, um den Reichen und Superreichen Tag für Tag ca. 20 Millionen DM an Zinsen pünktlich überweisen zu können, schreibt Der Spiegel süffisant. Umweltschützer berufen sich gerne auf diese Informationsquelle, ja sie halten den Spiegel für die Inkarnation der deutschen Pressefreiheit schlechthin. Ein Leserbrief jedoch, der die Vermeidbarkeit (!) derartiger Zinsgeschenke an das Kapital hervorhob, konnte mit Rücksicht auf die ganzseitigen und doppelseitigen Anzeigen der Konzerne und »Finanzdienstleister« in dieser Zeitung nicht abgedruckt werden. Sachzwänge also auch hier, vor denen sich sogar eine Spiegelredaktion überraschend tief zu verbeugen und zu verbiegen hat. Das angesehene »Nachrichtenmagazin« Der Spiegel also auch ein Desinformationsorgan des großen Ka-

Wenn wir den Halt verlieren, *tippt der Arzt vielleicht auf kreislaufbedingten Schwindel. Woher sollte er auch wissen können, daß uns der Teppich unter den Füßen weggezogen wurde? Wenn ein kerngesunder Baum - vom Wasser unterspühlt - durch eine leichte Brise in den Abgrund gestoßen wird, dürfen wir dann von einem Sturmschaden ausgehen oder dem Baum schnell noch eine Krankheit andichten, die das Unglück erklärt?*
Unsere Gesellschaft ist nicht in der Lage, die soziale Gerechtigkeit - Arbeit, Wohlstand und Frieden für alle - herbeizuführen. Die soziale Erosion wird ein paar Minuten lang beklagt und anschließend über Jahre hingenommen! Wenn die Ärzte gut genug sind und die Patienten krank genug sind, ist der Zeitpunkt für eine Kur dann immer noch nicht gekommen?

pitals? Nun, im Verschweigen der rettenden Ideen Silvio Gesells läßt sich dieses Blatt von keiner anderen Zeitschrift übertreffen. Sich aus dieser unwürdigen Zwangsjacke des Abgeschnittenseins zu befreien, ist auch die Voraussetzung für einen Umwelt- und Naturschutz, der sich nicht länger durch einen angeblichen Geldmangel abwürgen läßt.

Durchaus verständlich ist das Vertrauen vieler Umweltschützer in Parteien, die sich neuerdings von der »ökologischen Steuerreform« ein Entkommen aus der Finanzkrise versprechen. Das schafft erstmal eine Atempause und erspart uns in dieser fernsehschnellen Zeit das lästige Mitdenkenmüssen und schenkt uns übrigens auch die verlorengegangene Hoffnung zurück, wie ja auch dem Ziehen der

Lottozahlen immer wieder das Hoffen vorauszugehen pflegt: Eine Woche hoffen, zehn Sekunden Enttäuschtsein, aber gleich danach wieder eine Woche hoffen.

Eine Steuerreform ist selbstverständlich und wird natürlich auch von mir gefordert. Was die Verfechter einer ökologischen Steuerreform aber verschweigen, ist die Tatsache, daß diese längst überfällige Reform die Einbettung in eine sowohl soziale als auch ökologische Marktwirtschaft voraussetzt. Doch diese Parteistrategen wollen, können oder dürfen nicht erkennen, daß die noch immer so bezeichnete »soziale (!) Marktwirtschaft« der Bundesrepublik Deutschland längst zu einer perversen Zinswirtschaft verkommen ist, in der die Reichen immer reicher, die Armen immer zahlreicher, die Städte, Gemeinden und der Staat immer handlungsunfähiger und die Politiker immer ratloser werden (diese Rat- und Hilflosigkeit aber nicht zugeben und mit den abenteuerlichsten Verrenkungen wenigstens bis zur nächsten Wahl zu bemänteln versuchen).

Für diesen peinlichen Sachverhalt schlägt Eckbert Vogel, dem ich die Bekanntschaft mit Silvio Gesell verdanke, folgende Karikatur vor (die inzwischen von einem Künstler gezeichnet wurde!): Am Stammtisch sitzen und zechen Leute von der SPD und Grüne. Plötzlich kommt der Bundeskanzler zur Tür herein. Joschka Fischer springt auf und ruft ihm fröhlich zu: »Alles klar, Helmut, Geld und Boden bleiben tabu!« Ein echtes Fischer-Zitat aus dem Spiegel Nr. 32/96 bringt die Lage der Bündnisgrünen auf den Punkt: »Bei uns steht eine wachstumsorientierte Sozialpolitik neben einer wachstumskritischen Umweltpolitik; das ist unser innerer Widerspruch.« Da es im Wettstreit der im Bundestag vertretenen Parteien zu einem Kopf-an-Kopfrennen der Konzeptlosen gekommen ist und die Lösungsvorschläge der Geldreformer auch wider besseres Wissen nicht beachtet werden, spielt es für die Opfer der sozialen Erosion schon längst keine Rolle mehr, welche Parteien gerade mal wieder die Regierung stellen. Wäre es für Millionen der von Arbeitslosigkeit und Armut Betroffenen und für die bedrohte Natur nicht so traurig, man könnte darüber lachen; aber dieses Lachen wird uns spätestens dann vergehen, wenn sich die inneren Widersprüche besagter Partei zu inneren Unruhen hochgeschaukelt haben werden. Wir Umweltschützer sollen also möglichst ruhig und vor allem tatenlos (sprich: pflegeleicht) mit ansehen, wie unbelehrbare Politiker das Land vor die Wahl stellen, entweder durch fortgesetztes Wirtschaftswachstum die Umwelt nun aber auch endgültig zu ruinieren, oder durch ein »Nullwachstum« den sozialen Frieden in Deutschland und in Europa der Umwelt zuliebe zu opfern! Um sich mit den Reformvorschlägen Gesells nicht befassen zu müssen, werden diese erst gar nicht auf die Tagesordnung gesetzt!

Einer Überprüfung der Gesellschen Theorie sollte selbstverständlich der Versuch vorausgehen, diese – falls möglich – wissenschaftlich zu widerlegen. Da aber gerade dies bis auf den heutigen Tag nicht gelungen ist, hüten sich Wirtschaftswissenschaft, Kapital, Presse und Politik davor, dieses heiße Eisen auch nur zu erwähnen, würde doch die zu erwartende Bestätigung der genialen Erkenntnisse Silvio Gesells dazu führen müssen, lästige Konsequenzen zu ziehen, und davor kann man sich immer noch am einfachsten schützen, indem man das Wissen über die Natürliche Wirtschaftsordnung der Bevölkerung mit Hilfe des Fernsehens und der Nachrichtenmagazine vorenthält. Wie aber soll ein Schatz, dessen Existenz mit Geld- und Medienmacht verschwiegen wird, die Menschen in eine Goldgräberstimmung versetzen können? Otto Valentin, der ein Leben lang gegen diese Mauer des Verschweigens angerannt ist, schreibt in seinem Buch »Überwindung des Totalitarismus«: »Wenn etwas Bewunderung verdient, dann ist es die Schafsgeduld, mit der die Bevölkerungen die laufenden Währungspfuschereien als eine Art Naturkatastrophe über sich ergehen lassen.« Aber verdienen nicht auch die Leithammel und die Medien Bewunderung, denen es nach wie vor gelingt, die Herde hinters Licht zu führen? In meinem Diavortrag »Wer hat Angst vor Silvio Gesell?« reagieren natürlich viele Besucher auf derartige Hinterfragungen mit großer Betroffenheit. Einige drehen den Spieß aber auch um und behaupten dann beispielsweise, daß – wenn das alles so einfach wäre – der Bundeskanzler die Massenarbeitslosigkeit doch längst abgeschafft haben würde. Diese beklemmende Schlußfolgerung ist eigentlich verständlich, und sympathisch ist sie allemal; zeigt sie doch, daß den Machthabern – in diesem Falle dem Bundeskanzler – immer noch edle Gesinnung unterstellt und segensreicher Tatendrang durchaus noch zugetraut werden.

Kurt Tucholsky, ein Kenner jener Kreise, die hinter den Kulissen die Fäden ziehen, hat sich über die Rolle der hohen Politik im Verhältnis zum großen Kapital offenbar keine Illusionen gemacht. Seine ätzende Analyse ist heute (in Bonn) so zutreffend wie damals in Weimar: »Sie dachten, sie seien an der Macht, dabei waren sie an der Regierung.«

Ökologische und soziale Erosion, also Naturzerstörung und Massenarbeitslosigkeit haben ihre gemeinsame Ursache in einem Fehler unseres Geldsystems, der es Nutznießern gestattet, das Geld ganz nach Belieben zu verknappen, um aus diesem künstlich geschaffenen Mangel an Geld »ein Recht auf Zinsen« (!) ableiten zu können. Dieser schon 1889 von Silvio Gesell entdeckte Webfehler in der Struktur des Geldes ist weltweit die Ursache für Arbeitslosigkeit, Armut, Terror und Krieg! Dieser abstellbare (!) Fehler wäre auch schon längst beseitigt worden, stünden da nicht die Interessen einer kleinen, aber mächtigen Minderheit im Wege, die mit den Waffen der Bodenspekulation umzugehen weiß und mit Hilfe einer völlig legalen (!) Zinserpressung (siehe oben) über 95 % der Weltbevölkerung auszubeuten versteht. Diese Tatsachen durften auch in einem Buch wie diesem nicht länger unerwähnt beiben. Die Umstände zwingen mich dazu, den Natur- und Umweltschutz seiner tages- und finanzpolitischen Desinformation, Verblendung und Naivität zu entkleiden. Unsere Schafsgeduld und unser Scheitern waren also gleichermaßen die Folge des Nichtinformiertseins. Unwissende sind logischerweise völlig wehrlos und werden daher problemlos zu einer leichten Beute der Nutznießer dieses vertuschten Skandals! Jetzt aber steht es jedem frei, sich über die verheerenden Folgen der Zinswirtschaft ein klares Bild zu machen, um aus diesem neuen Geldwissen – zum Wohle der Allgemeinheit und zum Wohle der Natur – die entsprechenden Konsequenzen zu ziehen.

Die Geister, die ich rief!

Heidrun Heidecke, die Umweltministerin von Sachsen-Anhalt, ließ es sich am 16. Oktober 1995 nicht nehmen, auf dem Versuchsgelände der Universität Halle der Anlage einer vorbildlichen Benjeshecke persönlich beizuwohnen. Im Freistaat Sachsen wird die Anlage von Benjeshecken schon seit Jahren per Ministererlaß gefördert. Zeitweise sind in den neuen Bundesländern 500 Personen mit der Anlage von Benjeshecken beschäftigt gewesen. Inzwischen sind fast alle wieder arbeitslos. Diese erfolgreiche ABM mußte aus „Mangel an Geld" wieder eingestellt werden: Die Zinswirtschaft läßt grüßen!

Hier alle Personen aufzuführen, die es im Zusammenhang mit dem Durchbruch der Benjeshecke verdient hätten, würde ein neues Buch geben. Die Geister, die ich ab 1985 mit dem Heckenvortrag rief (und ab 1986 mit dem vorliegenden Buch), haben so gute Arbeit geleistet, daß SPIEGELspezial schon zehn Jahre später schreiben konnte, die Benjeshecke sei »zum erfolgreichsten Flurbelebungskonzept der Naturschutzgeschichte avanciert.« Mit inzwischen über Tausend Kilometern Benjeshecken allein im deutschsprachigen Europa haben meine LeserInnen und die BesucherInnen meiner Vorträge und Heckenseminare in der Landschaft eine Spur hinterlassen, die nicht mehr wegdiskutiert werden kann. Meine oft belächelte Vision, das Bild einer geschändeten Landschaft mit Gestrüpp verändern zu können, ist vielerorts in Erfüllung gegangen – und natürlich auch bitter nötig gewesen!

Die am weitesten entfernte Benjeshecke wurde mir aus Neuseeland gemeldet, die nächste liegt hier in meinem Garten. Die Fachwelt hat diesen Erfolg einer einfachen Idee zunächst gar nicht, dann äußerst zurückhaltend bis kritisch und schließlich doch so, wie sich das gehört, zur Kenntnis genommen. Eine Dissertation, zahlreiche Diplomarbeiten, sehr schöne Dokumentationen, Erfahrungs-, Presse,-, Rundfunk- und Fernsehberichte haben natürlich auch Neider auf den Plan gerufen, die sich zum Teil – wegen der beachtlichen Originalität ihrer Winkelzüge – einen festen Platz in meinen Memoiren gesichert haben.

Ein paar Diplom Biologen haben beispielsweise Anstoß daran genommen, daß ich die – zugegeben – simple Gestrüppmethode mit Hilfe der erstaunlich einprägsamen Bezeichnung »Benjeshecke« unverdientermaßen in den Rang einer naturgesetzlichen Errungenschaft heben konnte. Es wurde daher allen Ernstes versucht, den immer höher steigenden Bekanntheitsballon der Benjeshecke mit folgenden Nadeln anzustechen: Schwachholzhecke, Totholzhecke, Schichtholzhecke, Stapelhecke, Gehölzschnittwall und neuerdings sogar »dead-wood hedges«! Da sich die eifrigen Namensgeber aber untereinander nicht einig waren und die ersten Jahre ungenutzt verstreichen ließen, weil sie offenbar der Meinung waren, »diese Spinnerei« werde sich von selbst erledigen (während ich doch bundesweit mit Vorträgen über die Dörfer zog und die Vorzüge der Benjeshecke in den Himmel hob), wurde die Notbremse wohl doch etwas zu spät gezogen; und so können wir heute mit einer gewissen Erleichterung aufatmen und sagen, daß sich das schöne Markenzeichen »Benjeshecke« wohl endgültig durchgesetzt haben dürfte und nun sogar der bevorstehenden Dudenreife entgegengefiebert werden kann. Wenn nun schon der Bezeichnung Benjeshecke nicht mehr beizukommen

Was bedeutet WWOOF?

„Willing workers on organic farms", zu deutsch: Freiwillige Helfer auf biologischen Höfen. Eine aus England kommende Idee und Organisation, die in vielen Ländern der Welt jungen Leuten die Möglichkeit bietet, gegen Kost und Logie (und ein kleines Taschengeld) auf Höfen zu arbeiten und zu lernen, um durch diesen Einsatz den ökologischen Landbau voranzutreiben und die meist kleineren Familienbetriebe zu unterstützen und zu ermutigen. Klar, daß sich diese Menschen auch für Benjeshecken interessieren und nun auch diese Idee weltweit verbreiten helfen.

Foto: Teilnehmer einer WWOOF-Tagung begutachten vor meinem Diavortrag noch schnell eine Benjeshecke.

ist, müßte es aber doch möglich sein, seriös, also wissenschaftlich, der Frage nachzugehen, ob durch Benjeshecken auch Schäden angerichtet werden können. Auf eine derartige Frage überhaupt erst mal gekommen zu sein, ist das Verdienst von Prof. Dr. Karl Auerswald vom Institut für Bodenkunde an der Martin-Luther-Universität in Halle, dem das Kunststück gelang, für den folgenden Großversuch Mitstreiter und Forschungsgelder zu finden. Assistiert von den beiden Diplom-Ingenieuren Stephan Weigand vom Lehrstuhl für Bodenkunde der TU München/Weihenstephan und Max Kainz vom Versuchsgut Scheyern, hat Prof. Dr. Auerswald auf dem Klostergut Scheyern in Bayern auf einer Fläche von über 5000 m^2 (ein halber Hektar!) sage und schreibe 2000 m^3 Gestrüpp auffahren lassen und diese Gestrüppdeponie anschließend (feierlich?) zu einer Benjeshecke erklärt! Um die zu erwartende Beeinträchtigung des Grundwassers durch das allmähliche Verrotten derart großer Gestrüppmengen auch mit einer bisher nicht für möglich gehaltenen (und

***15 km Benjeshecken** sind vermutlich Weltrekord. Diese erstaunliche Leistung nahm ihren Anfang mit der glücklichen Entscheidung, dem Pastor Ludwig Wegener aus Groß Varchow dieses Heckenbuch als Gastgeschenk (einer Besuchsdelegation) zu überreichen. Doch damit nicht genug: Ludwig Wegener ist Urheber einer bisher nicht dagewesenen Tradition: An seinen Hecken werden seit einigen Jahren Heckengottesdienste gefeiert! Waldgottesdienste sind sicher auch schön und selten, aber das hier ist einmalig!*

Foto: Hans Wotin

darum auch noch nie beobachteten) Bodenerosion kombinieren zu können, wurde für die Deponie eine Hanglage (!) gesucht und schließlich auch gefunden. Anschließend wurden alle Nachteile, die sich schon ein normal gebildeter Mensch an seinen Fingern abzählen kann, durch umfangreiche, langwierige und sicher auch gar nicht mal so einfache Messungen wissenschaftlich voll bestätigt. Anstatt sich nun mit dem angerichteten Landschafts-, Erosions- und Grundwasserschaden zufrieden zu geben, mußte dieser unsinnige Versuch ohne Rücksicht auf das Ansehen der Universität Halle natürlich auch noch publiziert werden; aber das hätte der Professor doch lieber nicht tun sollen, denn er mußte sich in der Zeitschrift »Naturschutz und Landschaftsplanung 28.(1) 1996« unter der zutreffenden Rubrik »Die Dosis macht das Gift« sagen lassen, daß seine Gestrüppdeponie doch gar keine Benjeshecke gewesen sei! Zur Erinnerung: Benjeshecken haben eine Breite von 4 bis maximal 6 Metern und sind in dieser Breite unbestritten der beste Erosionsschutz, den man sich denken kann (siehe Seite 58). In Scheyern betrug die Breite der gestrüppbedeckten Versuchsfläche jedoch ca. 50 bis 80 Meter. Logisch, daß diese (illegale?) Deponie infolge der Verdichtungen durch den schweren Gestrüpptransport und durch die Vegetationsunterdrückung unterhalb des Gestrüpps (nackte Erde!) bei Regen in Hanglage (!) zu schweren Erosionsschäden führen mußte. Hier ist also ganz offensichtlich ein Etikettenschwindel über die Bühne gegangen, um der Benjeshecke – wissenschaftlich verbrämt – überhaupt nicht vorhandene Nachteile andichten zu können. Andererseits bin ich dem Professor aus Halle und seinem treuen Gefolgsmann aus München aufrichtig dankbar dafür, daß sie bei der Suche nach Schwachstellen im Flurbelebungskonzept Benjeshecke nicht noch einen Schritt weiter gegangen sind. So wäre es doch denkbar und sicher auch möglich gewesen, tote Rinder, Schafe, Schweine oder ganz einfach Schlachtabfälle unter dem Gestrüpp zu entsorgen, um anschließend das gehäufte Vorkommen von Fliegen, Ratten und Krähen sowie eine, den Fremdenverkehr reduzierende, Geruchsbelästigung nachweisen zu können. Oder wäre es nicht sinnvoller gewesen, in der unerträglich ausgeräumten Magdeburger Börde den immensen Bedarf an Benjeshecken zu ermitteln? Damit Prof. Auerswald künftig den Unterschied zwischen einer vorbildlichen Benjeshecke und einer Gestrüppdeponie erkennen lernt, habe ich am 16. Oktober 1995 auf dem Außengelände »seiner« Universität und in Anwesenheit der Umweltministerin von Sachsen-Anhalt, Frau Heidrun Heidecke, zusammen mit Besuchern meines Vortrags sowie mit Studenten und Professoren der Universität Halle, eine ca. 50 m lange und etwa 5 m breite Benjeshecke angelegt, die dann auch berechtigterweise von der Umweltministerin und mir – im Beisein der Presse und des regionalen Fernsehens versteht sich – mit dem Hinweisschild »Benjeshecke« abgesegnet werden konnte (siehe Foto Seite 131).

Zu den erfreulichsten Ereignissen der letzten zehn Heckenjahre gehört meine Begegnung mit dem »Hecken-Pastor« Ludwig Wegener aus Groß-Varchow an der Müritz. Er hat mit inzwischen 15 Kilometern Benjeshecken vermutlich einen Weltrekord aufgestellt! Eine gewisse »Mitschuld« an dieser beispiellosen Naturschutzleistung trägt mein langjähriger Heckenfreund Rudolf Krause aus Springe am Deister, der gleich nach der Wende – und zwar als Naturschutzbeauftragter seiner Stadt – einer Besuchsdelegation angehörte, die in der Partnerstadt Waren an der Müritz natürlich auch Gastgeschenke überreichte, u.a. auch mein Heckenbuch, das der Bürgermeister von Waren sinnvollerweise an den bekannten Heckengärtner Pastor Ludwig Wegener weiterreichte; und der rief mich gleich nach der Lektüre begeistert an und machte den Vorschlag, die in seinem Wirkungsbereich noch nicht sehr bekannte Benjeshecke mit drei Vorträgen in der Region einmal vorzustellen.

Um den weitgereisten Referenten standesgemäß unterzubringen (ich wäre in dieser schweren Zeit auch mit einer Dachkammer zufrieden gewesen), hatte mir der Pastor im Schloßhotel Varchentin eine sonst nur Stasigrößen, Staatsgästen und Erich Honnecker vorbehaltene Suite reservieren lassen, die über das größte Badezimmer meines Lebens verfügte (2,5 x 6 m).

Von der Fassade und Größe dieses Schlosses überwältigt, betrat ich mit der gebotenen Demut das Schloßhotel und mußte dann zu meiner nicht geringen Überraschung feststellen, daß die Größe des Schlosses von der Großartigkeit des mich empfangenden Hotelportiers noch übertroffen wurde. Die Szene war filmreif: Obwohl ich – wie sich bald herausstellte – der einzige Hotelgast war, gab sich der offenbar um seinen Arbeitsplatz bangende Empfangschef den Anschein, dem Ansturm der Hotelgäste und der Bedeutung seiner Aufgabe sowie der Schwere seiner Verantwortung kaum noch gewachsen zu sein. Werde ich je wieder erleben, daß eine große – blitzblanke – Hotelküche bei voller Personalbesetzung dem einzigen Gast des Hauses das Frühstück bereitet und überaus zuvorkommend serviert? Ich habe die Treuhand, der diese Altlast zugefallen war, jedenfalls nicht beneidet und war froh, in Pastor Wegener einen Heckenfreund gefunden zu haben, der sich von diesen – heute kaum noch vorstellbaren – Problemen der Wendezeit nicht unterkriegen ließ, sondern (als Pastor!) die einmalige Gunst der Stunde nutzte, indem er die damals noch nicht arbeitslosen Bauern der LPG Varchentin mit schwerem Gerät und großer Begeisterung wochenlang dazu bringen konnte, das Bild dieser Landschaft mit Gestrüpp zu verändern! Wie planmäßig und vorausschauend er dabei vorgegangen ist, zeigte sich erst Jahre später. Während einige seiner Kollegen im Westen – zumindest im süddeutschen Raum – einmal im Jahr durch sogenannte Waldgottesdienste für Abwechslung sorgen, haben die herrlichen Benjeshecken dieser Region Pastor Wegener zu einer noch nie dagewesenen Tradition verholfen: Hier wurden in den letzten Jahren Heckengottesdienste eingeführt, und als er nach 39 Amtsjahren Ende Juni 1996 in den wirklich verdienten Ruhestand trat, wurde dieses Ereignis mit ca. dreihundert Personen – und natürlich wieder am »Heckenkreuz Rabenberg« – mit einem für alle Anwesenden unvergeßlichen Heckengottesdienst gefeiert. Die Müritz-Zeitung schrieb dazu u.a. »Auch sein letzter Gottesdienst ist ein anderer. Holunder und wilde Rosen duften, Lerchen jubilieren – Gottesdienst in einem grünen Dom, den der Pastor und seine Freunde selbst schufen.«

Zu diesen Freunden gehörte auch der Benjesheckenpionier Eberhard Guba aus Harpstedt in Niedersachsen, dessen Erfahrungen und Ratschläge hier an der Müritz auf einen besonders fruchtbaren Boden gefallen sind.

Wenn Ausdauer, Begeisterung, Fachwissen und Geld in einem ausgewogenen Verhältnis zusammenkommen, können Naturschutzleistungen erbracht werden, die der fortschreitenden Artenvernichtung einen Riegel vorschieben. In Mühlhausen bei Unna ist ein solcher Rettungsversuch schon vor 16 Jahren mit dem »Tag der Weide« eingeleitet worden. Triebfeder dieser jährlich wiederkehrenden Aktion ist der Naturschutzaktivist Karl-Heinz Albrecht, dem es mit einem heute selten gewordenen Beharrungsvermögen gelang, die frommen Wünsche der Artenschützer mit der rauhen Wirklichkeit in Übereinstimmung zu bringen. Mit personeller Unterstützung des Heimatvereins Mühlhausen und des NABU-Kreisverbandes Unna wurden in den letzten Jahren 117.000,– DM an Spenden eingesammelt, die von der NRW-Stiftung und dem Land Nordrhein-Westfalen um weitere 600.000,– DM aufgestockt wurden. Das Geld diente dem Ankauf und der konsequenten Unterschutzstellung von neun Flächen unterschiedlicher Größe und Struktur. Die Gesamtfläche der durch Wege miteinander verbundenen Naturschutzoasen beträgt inzwischen 13,2 ha! Auf Albrecht geht übrigens auch der dort schon praktizierte Vorschlag zurück, sich die illegal beseitigten Feldwege mit Hilfe von alten Flurkarten und neueren Flugfotos zurückzuholen.

In Mühlhausen mußte ein Bauer in diesen sauren Apfel beißen; er hatte sich im Vertrauen auf den tiefen Winterschlaf der zuständigen Ämter einen Feldweg klammheimlich unter den Nagel gerissen und mußte ihn jetzt wieder herausrücken. Diese Rückholaktionen sind bundesweit hochaktuell, flächenmäßig bedeutsam und in der Durchführung kinderleicht! Hauptgrund der relativen Seltenheit derartiger Rückholaktionen ist offenbar das Fehlen einer griffigen Bezeichnung, die in der Zeitung sofort aufhorchen läßt. Ich schlage daher vor, diesen wertvollen und nachahmenswerten Vorgang mit der Bezeichnung »Albrecht-Effekt« aufzuwerten, um die äußerst guten Erfahrungen mit dem Markenzeichen Benjeshecke hier einfließen zu lassen und meinetwegen auch die erstaunliche Tatsache, daß ein Mercedes zum Beispiel, dem vorne der Stern und hinten der Schriftzug fehlt, so gut wie unverkäuflich ist.

Am Tag der Weide, der in der Zeitung immer groß angekündigt wird, werden zahlreiche Kopfweiden geschneitelt und das Gestrüpp – wer hätte etwas anderes erwartet? – zur Anlage von Benjeshecken verwendet, die hier nicht nur dem Schutz der Heckensträucher dienen, sondern mit Holzstößen kombiniert werden, um zahlreichen

Tierarten einen sonst kaum noch vorhandenen Unterschlupf und Lebensraum zu bieten. Die von Karl-Heinz Albrecht und seinen MitstreiterInnen generalstabsmäßig vorbereiteten Aktionen fördern den Zusammenhalt in der Gruppe (seit 16 Jahren!) und erhöhen von Jahr zu Jahr die ökologische Wertigkeit dieser Naturschutzoasen. Die hohe Besuchswürdigkeit der durch Kauf gesicherten Areale wird noch zusätzlich durch eine sehens-, hörens- und erlebenswerte »Ökozelle« untermauert, die es beispielsweise Schulklassen gestattet, sich im Laufe einer einzigen Unterrichtsstunde über alle möglichen Biotoptypen zu informieren. Bei gutem Wetter sind Naturfotografen und Lebenskünstler hier kaum noch wieder wegzukriegen!

Betongeschädigte Stadtkinder, die ja leider auch bei einer Heckenexkursion nur ungern auf Kopfhörer und CD-Spieler verzichten, vermuten eine Maus ja eher in der Nähe eines Personalcomputers als im Gestrüpp einer Benjeshecke. Auch Knackgeräusche werden daher zunächst für einen technischen Fehler im Kopfhörer gehalten und nicht so sehr auf brechende Zweige zurückgeführt.

Bei Begleitpersonen (Eltern oder Lehrern) erfrage man daher vor einer Begehung immer erst den Grad eines möglicherweise schon eingetretenen Gehörschadens um ein solches Kind wenigstens an den besonders interessanten Stellen der Hecke auch mal gezielt anschreien zu können.

Der Benjesheckenpionier Udo Friedrich aus Michelstadt im Odenwald legt seine Hecken grundsätzlich nur mit hochmotivierten Kindern an, die dann später vielleicht einmal – als politische EntscheidungsträgerInnen – kein leeres Stroh unter der Mütze haben, sondern knackiges Gestrüpp. Friedrich wurde – wie viele andere Heckengärtner auch – mit einem Umweltpreis ausgezeichnet, auf den er aber zugunsten einer beruflichen Naturschutzperspektive, auf die er sich so gründlich vorbereitet hatte, vermutlich gerne verzichtet haben würde. Es ist das alte Lied: Da hat die Stadt Michelstadt, »die Perle des Odenwaldes«, so eine Ausnahmekapazität und reduziert das Wirken dieses Mannes – vor allem aus finanziellen Gründen (da haben wir es wieder!) auf den Bruchteil seiner Möglichkeiten und auf den Bruchteil der ökologischen Notwendigkeiten dieser Region. Der Tierfilmer Hans-Jürgen Zimmermann war 1995 tief beeindruckt vom Resultat der Flurbelebung, die Udo Friedrich z.B. in Elsbach bei Erbach im Odenwald in nur wenigen Jahren mit Benjeshecken erzielen konnte.

Ich hatte nach der Ankunft kaum gesagt: »das ist die Hecke«, als Zimmermann auch schon zu filmen begann. Er hatte auf Anhieb den Neuntöter im Visier und war natürlich froh, diese Heckenperle schon mal im Kasten zu haben, wohl wissend, daß mit so viel Glück viel

Am Tag der Weide ist Karl-Heinz Albrecht aus Unna-Mühlhausen in seinem Element. Wer sich für die Pflege von Kopfweiden interessiert, ist bei ihm an der richtigen Adresse. Da alles besichtigt werden kann, was hier in 18 Jahren geschaffen wurde, ist die Besuchswürdigkeit dieses Natur- und Artenschutz-Pioniers und seiner Ökozellen kaum noch zu übertreffen.

Ansitzzeit gespart worden war. Nicht alle Fernsehteams, die ich in den letzten sechs Jahren an dieses vorzeigbare Prachtstück von Hecke heranführen konnte, hatten Naturfilm- oder gar Tierfilmformat. Man nimmt eben was man kriegen kann!

Ein TV-Team verbat sich beispielsweise jede Form von Ratschlägen. Nicht einmal den – durch eigene Fotoaufnahmen herausgefundenen – günstigsten Aufnahmewinkel durfte ich vorschlagen. Aber es sollte noch dicker kommen. Als das aus drei Personen bestehende Team endlich fertig war, hatte der Aufnahmeleiter auch wieder ein Auge für mich und sagte: »So, und jetzt die Tiere.« »Gut«, sagte ich nach einer Schrecksekunde, »dann hole ich mal eben den Fuchs, oder möchten Sie zuerst die Rehe filmen?« Als höflicher Mensch, der dem Fernsehen eigentlich viel zu verdanken hat, habe ich das natürlich nicht gesagt, so schlagfertig bin ich nun auch wieder nicht, aber es ärgert mich heute noch, diesen Treppenwitz nicht angebracht zu haben.

Ulkigerweise liegen diese Hecken auf dem Gelände einer Familie Heckmann. Bei einer dieser Benjeshecken wurde studienhalber auf jegliche Bepflanzung verzichtet. Diese Heckenform, mal als »Ur-Benjes-Prinzip« (Berger, Guba), mal als »reine Benjeshecke« bezeichnet, soll angeblich überhaupt nicht funktionieren. Udo Friedrich – und nicht nur er – kann das Gegenteil beweisen (s. Foto

S. 117). Es gibt ihn also doch, den Plumpskloeffekt der Vögel; wenn ich auch zugeben muß, daß es etwas länger dauert und statt eines geschlossenen Heckenzuges eine zunächst noch lückige Hecke entsteht, die sich erst nach zehn bis fünfzehn Jahren schließt.

Wer sich in diese krautigen Lücken stellt und der ausgebliebenen Verbuschung nachweint, vergleiche doch die Hecke mal mit einer Briefmarkensammlung, in der die Lücken ja auch wehtun, obwohl sie das Sammeln doch erst so richtig spannend machen und mit der Zeit ja auch geschlossen werden können. Man muß mit der Natur auch Geduld haben; aber wer kann heute noch warten? Andererseits habe auch ich inzwischen eingesehen, ungerne zwar, aber immerhin, daß es manchmal wirklich nicht funktioniert: Das Gestrüpp geht nach einigen Jahren sang- und klanglos in eine Quecken- oder Hochstaudenflur über. Woran liegt's?

Nach meinen Beobachtungen geht das Scheitern vorrangig auf die zu sparsame Verwendung von Gestrüpp zurück, das viel zu schütter ausgebreitet wurde und das Gras nicht erstickte, sondern durchwachsen ließ. Wenn dann auch noch die Mindestbreite von drei bis vier Metern deutlich unterschritten wird, ist der Mißerfolg vorprogrammiert. Natürlich besteht Forschungsbedarf, denn ich wüßte z.B. auch ganz gerne, weshalb der Plumskloeffekt der Vögel selbst dann ausbleibt, wenn scheinbar alle Voraussetzungen (Gestrüpp, Beeren, Vögel) erfüllt sind.

Auf den Forstamtsleiter Falk Lutosch aus Rotenburg an der Wümme geht der Vorschlag zurück, die Benjeshecken von Anfang an mit kräftigen Heckensträuchern zu bepflanzen (modifizierte Benjeshecken). Seine Versuche, die ich von Anfang an fotografisch begleitet habe (s. Foto S. 40) verliefen dermaßen erfolgreich, daß heute überhaupt kein Zweifel mehr daran bestehen kann, wem wir den Durchbruch der Benjeshecke zu verdanken haben! Erst 1989 habe ich mich zähneknirschend von der Vorstellung verabschiedet, die Vögel würden es auch alleine schaffen.

Auf Drängen meines Bruders Heinrich, der mir seine Idee zur weiteren Bearbeitung aufgehalst hat (wofür ich ihm natürlich bis an das Ende meiner Tage dankbar sein werde), bin ich dann widerwillig – und zunächst nur aus taktischen Gründen – von der reinen Lehre abgewichen und habe den klitzekleinen Webfehler der Benjeshecke mit einer Schönheitsoperation korrigiert. Es war nicht einfach, die bestechenden Argumente »Hecken zum Nulltarif« oder »Wir besorgen das Gestrüpp, den Rest besorgen die Vögel« oder noch schöner: »Die Vögel scheißen sich ihre eigene Hecke zusammen«, aus dem Verkehr zu ziehen. Auch die Veranstalter haben die Presseankündigungen meiner Heckenvorträge immer gern mit diesen Postulaten garniert.

Ich habe damals sogar mit dem Gedanken gespielt, die ganze Sache hinzuschmeißen; so enttäuscht war ich von der Erkenntnis, für eine Idee zu streiten, die ja so genial nun auch wieder nicht zu sein schien. 1989 verlieh mir die Kommunale Umweltaktion in Hannover ganz überraschend den Umweltpreis der U.A.N. »für die Entwicklung der Benjeshecke«. Die von dpa verbreitete Nachricht dieser Auszeichnung animierte zahlreiche Veranstalter, mich bundesweit zu Vorträgen über das Flurbelebungskonzept Benjeshecke einzuladen.

Das vorliegende Buch wurde von diesem Schwungradeffekt regelrecht mitgerissen und entwickelte sich zu einem Ökobestseller, und das wiederum führte zu weiteren Einladungen aus dem ganzen deutschsprachigen Europa. Mein Entschluß, nun doch nicht aufzuhören, sondern erst so richtig loszulegen, wurde mit einer Vortragshonorarerhöhung abgefedert und mit dem langersehnten Schritt in die Selbständigkeit besiegelt. Seit diesem Tag nie wieder einem Arbeitgeber in den Auspuff kriechen zu müssen, ist die täglich immer wieder neu erlebte Sternstunde meines Lebens! Waren die Hecken bisher nur ein Teil meines Lebens gewesen, jetzt lebte ich davon! Und sofort lebte auch die Hoffnung wieder auf, dem völlig unerforschten Plumpskloeffekt der Vögel und der nicht minder bedeutsamen Donnerbalkenfunktion der Zweige auf die Schliche zu kommen. Jetzt aber in aller Ruhe und so ganz ohne Erfolgsdruck, denn soviel stand inzwischen fest, die Idee der Benjeshecke ließ sich auch in modifizierter Form ganz gut verkaufen.

Wie schon so oft kam mir der Zufall zu Hilfe: Kurz bevor an der Alfred-Delp-Schule in Dieburg (Odenwald) eine ganze Pappelreihe gefällt werden mußte, die wegen Überalterung in den Schulhof zu stürzen drohte, hatte ich im Nachbarort Münster einen meiner ersten Heckenvorträge gehalten. Der anwesende Biologielehrer, Oberstudienrat Peter Schäfer aus Roßdorf, erkannte damals sofort seine Chance und veranlaßte in einer Nacht- und Nebelaktion die Biologieleistungsgruppe seiner Schule, zum Entsetzen des Hausmeisters (und der lauter Ratten witternden Nachbarschaft!) das ganze Pappelgestrüpp für die Anlage einer 200 m langen Benjeshecke zu nutzen.

Dies war der spektakuläre Auftakt einer immer noch andauernden »Jugend-forscht-Aktion«, die meine Einschätzung – den Millionenwert des Plumpskloeffekts der Vögel betreffend – voll bestätigt hat. Penibel und liebevoll dokumentierte Sukzessionsbeobachtungen haben beispielsweise ergeben, daß die 26 im Oktober 1987 hineingepflanzten Sträucher im Laufe von neun Jahren um 124 auf sage und schreibe 150 Heckensträucher angewachsen sind (siehe Abb. Seite 110 u. 111).

Das durch wissenschaftliche Protokolle, Fotos und Videoaufnahmen Jahr für Jahr dokumentierte Heckenprojekt war übrigens die Kulisse für einen ZDF-Film (mit Nina Ruge und mir) über die Bedeutung der Hecke als Lebensraum für Pflanzen und Tiere. Die Frage ist jetzt: war die Initialpflanzung (26 Sträucher auf 200 m Benjeshecke = nur alle 7,5 m ein Strauch!) eigentlich nötig, oder wären die 124 Neuzugänge auch von allein gekommen? Meine Beobachtungen an über 500 Benjeshecken von der Nordsee bis zum Allgäu und von Luxemburg bis nach Polen, lassen sich wie folgt zusammenfassen:

1. Das Gestrüpp einer Benjeshecke lockt grundsätzlich Vögel an, die ohne Gestrüpp dort überhaupt nicht vorhanden wären. Der Forststudent Thorsten Schönbrodt aus Müncheberg hatte auf Anhieb sogar die äußerst seltene Sperbergrasmücke drin – als Brutvogel!

2. Die unbestreitbare »magnetische Wirkung« der Benjeshecken auf Vögel wird schon durch wenige Sträucher, die das tote Gestrüpp überragen und sichtbar (grün!) beleben, erheblich gesteigert. Das haben wir zunächst – außer Falk Lutosch – alle übersehen.

3. Der Plumpksloeffekt kommt in modifizierten Benjeshecken viel öfter und auch viel länger zum Tragen, denn die Donnerbalkenfunktion der Zweige nimmt bei einem lebendigen Strauch mit dessen Wachstum von Jahr zu Jahr sogar noch zu, während diese Funktion im Gestrüpp einer reinen Benjeshecke allmählich geringer wird und mit dem Zusammenbrechen des Gestrüpps bereits nach drei bis fünf Jahren völlig erloschen sein kann.

4. Je schlechter das verwendete Gestrüpp (Weichholzarten wie Weide, Pappel, Esche etc.), desto eher geht der Wettlauf zwischen Rotte und möglicher Ansamung verloren. Rehe können dann bereits nach zwei bis drei Jahren bis in die Mitte der Hecke vordringen und jeden Aufwuchs unterbinden. Um diesen Nachteil zu kompensieren, müssen die hineingepflanzten Sträucher also um so größer und zahlreicher sein, je schlechter die Gestrüppqualität ist. Umgekehrt gilt die Regel, daß bei Verwendung von »gutem« Gestrüpp (Hartholzarten wie Eiche, Hainbuche, Feldahorn, Weißdorn, Schlehe etc.) auch kleinere Sträucher in geringer Zahl in der

Lage sind, die Benjeshecke (mit zusätzlicher Hilfe der Vögel versteht sich) »hochzureißen«, bevor der Verbißschutz des Gestrüpps zusammengesackt ist.

5. Benjeshecken werden von der Landwirtschaft weniger respektiert als eingezäunte Behördenhecken. An Sabotage grenzende »Beeinträchtigungen« durch Trecker (fahren einfach durch) und Herbizide (»nickende« Brennesseln deuten an, daß Sträucher hier nie eine Chance haben werden) konnten beobachtet werden. Auch für dieses Problem fand Falk Lutosch auf Anhieb eine einfache und preiswerte Lösung: Zwei dünne Spanndrähte auf der »Gefahrenseite« (Siehe Abb. S. 40).

Dem Millionenwert der durch Vogelkot eingesparten Sträucher und dem noch viel höherem Wert eingesparter Windschutzzäune stehen natürlich auch Kosten, die der Gestrüpptransport verursacht, gegenüber, die jedoch um jenen Millionenbetrag reduziert werden müssen, den die sinnlose Vernichtung von Gestrüpp (häckseln, verbrennen, transportieren, deponieren) gekostet haben würde. Aber das ist noch nicht alles: In trockenen Sommern müssen bei neu angelegten Behördenhecken enorme Ausfälle (bis zu 80 % aller Sträucher) durch Trocknis hingenommen werden, während die Sträucher einer modifizierten Benjeshecke auch bei extremer Trockenheit zu 80 bis 100 % überleben. Der Freistaat Sachsen hat aus diesem enormen Kostenvorteil die Konsequenzen gezogen: Per Ministererlaß wird die Anlage von Benjeshecken schon seit Jahren finanziell gefördert.

In den alten Bundesländern haben unkündbare (?) Seilschaften, die man doch eher im Osten vermutet hatte, ihren Winterschlaf gerade erst beendet und sind z.T. noch immer damit beschäftigt, sich in »Fachkreisen« mit Gegenargumenten zu versorgen, die das Interesse an Benjeshecken kleinhalten helfen, um dann auch im laufenden und im nächsten Jahr wieder nichts unternehmen zu müssen.

Wen wundert's, daß unter derartigen »Standortbedingungen« in Deutschland das unersetzliche Flurbelebungsmaterial Gestrüpp auch weiterhin in unvorstellbaren Mengen vernichtet werden kann. Dieser »wirksame Mangel« raubt dem organisierten Naturschutz einen unersetzlichen Teil seiner Möglichkeiten und der Naturschutzpolitik ein gutes Stück vom verbliebenen Rest ihrer Glaubwürdigkeit. Die jährlich wiederkehrenden Vernichtungsorgien durch Buschhackerkolonnen degradieren das ständige Nachwachsen dieser wunderbaren Naturschutzressource zu einer ABM, die aber mit dem Ausheben

Die Verbirkung zeigt Wirkung

Es war einmal eine Hecke, die seit vielen Jahren zwischen den Weiden zweier Bauern lag. Als der eine eines Tages seinen Hof aufgab, wurde die Weide vom Nachbarn gern übernommen. Auf eine begrenzende Hecke glaubte der nun aber verzichten zu können. Er entfernte den Drahtzaun und überlies die leckeren Sträucher der Hecke dem Vieh. Das ist davon übrig geblieben: eine erbärmliche Birkenreihe. Die Zahl der Vogelnester ist inzwischen auf Null gesunken. Diese Tragödien in lauter Lustspiele zu verwandeln, dazu sind Leserinnen und Leser dieses Buches nachweislich in der Lage und auch bereit. Die Vorfreude, hier mit einer Benjeshecke alles wieder gutmachen zu können, ist größer als die Enttäuschung darüber, an dieser dankbaren Aufgabe gelegentlich auch mal gehindert zu werden.

und dem anschließenden Wiederzuschütten von Erdlöchern nicht verglichen werden kann, weil sie uns wesentlich teurer zu stehen kommt und auch viel mehr Schaden anrichtet. »Warum werden denn die Naturschutzverbände, vertreten durch ihre in Brüssel und Bonn bewährten Vorsitzenden, nicht aktiv und fordern die sofortige Unterschutzstellung dieser wertvollen Ressource sowie ein generelles Verbot ihrer Vernichtung?« Was wäre dieser Frage eines Lesers noch hinzuzufügen? Ich schlage vor: Die entsprechende Antwort eines jeden!

Ergänzende Erläuterungen

Ackerrandstreifen

- 5 bis 10 m breite hecken- und wegbegleitende Ackerflächen, die aus Artenschutzgründen von Mineraldünger, Gülle und Gift verschont bleiben; wichtige Vorstufe des Ökologischen Landbaus

Albrecht-Effekt

- Das Nachdenken in den Rathäusern über die Frage, ob das Verschwinden ganzer Feldwege und der Landklau an den Hecken- und Wegrändern weiterhin geduldet werden soll oder nicht. Kann durch Leserbriefe, Anfragen, Parlamentsanträge und Nadelstichaktionen zu einem guten Ende geführt werden

Altersstufenvielfalt

- Die durch eine abschnittweise Pflege nach spätestens 5 bis 10 Jahren erreichbare Idealstruktur der Feldhecke. In Kombination mit einer großen standortgerechten Sträuchervielfalt führt die Altersstufenvielfalt zu einer optimalen Artenvielfalt der Heckenbewohner (vor allem Insekten und Vögel)

Artenhülse

- Durch Isolation (abgeschnitten von anderen Biotopen), Inzucht und Gift entleerter Lebensraum (z.B. Feldholzinsel); kann durch »Heckenanschluß« und naturnahe Bewirtschaftung des Umfeldes (Ökolandbau) wieder mit Leben vollgepumpt werden

Artenvielfalt

- Für das Überleben der Menschheit von größerer Bedeutung als die ohnehin begrenzten Bodenschätze der Erde; wird von der heutigen Gesellschaft in selbstmörderischer Weise angetastet; siehe Wachstumszwang

Bandbiotope

- Lebensräume, die wie Bänder in der Landschaft liegen, z.B. Hecken, Wegraine, Ackerraine, Gräben und Bäche

Baumscheibe

- Kreisförmige Fläche unterhalb des Baumes, die zur Förderung des Wachstums und zur Steigerung der Vitalität eines Baumes oder Heckenstrauches mit Mulch vor Vergrasung und Austrocknung geschützt wird

Benjeshecke

- 4 bis 6 m breite und ca. 1,5 m hohe Gestrüppbarriere, die den Wildschutzzaun überflüssig macht und mit einer Initialpflanzung sowie mit Unterstützung der Vögel innerhalb von drei bis vier Jahren eine respektable Feldhecke ergibt; kann auch in Hausgärten - dann nur 1-2 m schmal – angelegt werden

Bier, August

- 1861-1949, Geheimrat, Prof. Dr. med., Chirurg; in Vergessenheit geratener Waldbaupionier; hat mit »Reisigdeckung« die Naturverjüngung und Artenvielfalt der Wälder gefördert und mit »Buschpackungen« aus Waldkanten richtige Waldränder entstehen lassen; das Totschweigen seiner Ideen hat jahrzehntelang die Stangenwälder tolerierbar gemacht und die Initialzündung der Benjeshecke um schätzungsweise 20 bis 30 Jahre verzögert

Biologischer Anbau

- Naturgemäßer Land- und Gartenbau ohne Mineraldünger, Gülle und Gift

Biotopbörse

- Das von Falk Lutosch entwickelte Organisationsmodell für eine bundesweite Vernetzung von Fach- und Spezialwissen, praktischen Erfahrungen, verfügbaren Naturschutzflächen, Geräten, Pflanzgut, Gestrüpp, Kapital, Arbeitskräften und Pressekontakten

Buchtigkeit

- Anzustrebende äußere Form der Heckenflanke und Waldränder; verlängert die Grenzlinien, schafft Staudruckzonen, verzehrt einen beachtlichen Teil der Windenergie; läßt Schmetterlingsinseln und Wildäsungsflächen entstehen; erhöht den landschaftlichen Reiz und Erlebniswert der Hecken und Waldränder beträchtlich

Flurbelebung

- Kann am einfachsten, schnellsten, nachhaltigsten und günstigsten durch die Anlage von Benjeshecken eingeleitet werden

Flurbereinigung

- Größte Artenvernichtungsaktion aller Zeiten; führte zur Beseitigung von ca. 100.000 km Hecken; wird heute durch eine ökologische Flurneuordnung ersetzt, die durch das Zusammenlegen zerstückelter Ackerflächen die Anlage von Hecken vielfach erst möglich macht

Frühblüher

- Blumen und Sträucher, die durch Schlechtwetterperioden und Nachtfröste während der Blüte gefährdet sind; wichtige Wildbienenweide

Geduld der Umweltschützer

- Phänomen, das sich bis zur Mitschuld steigern läßt; wichtige Voraussetzung für unaufhörliches wirtschaftliches Wachstum; siehe Wachstumszwang

Gesell, Silvio

- (1861-1930) Deutsch-argentinischer Unternehmer, Wirtschaftsanalytiker, Boden- und Geldreformer; entdeckte 1889 einen Webfehler in der Struktur des Geldes und stieß damit auf die Ursachen aller Wirtschaftskrisen; sein Hauptwerk »Die Natürliche Wirtschaftsordnung« liefert den Schlüssel zur Überwindung von Massenarbeitslosigkeit, Elend und Krieg; wurde und wird von der Fachwelt ignoriert und totgeschwiegen, da seine bahnbrechenden Reformvorschläge u.a. auch zu einer Beendigung der extremen Anhäufung von Geldvermögen (in den Händen Weniger) durch »Zinsgenuß« führen würde; siehe Zinswirtschaft

Grenzlinie

- Ökologisch bedeutsame Übergangslinie zweier Biotopelemente; an der Hecke z.B. Acker / Saumzone und Saumzone / Hecke; kann durch die Buchtigkeit der Heckenflanke enorm verlängert werden

Grenzliniendichte

- Gegenteil der Landschaftsausräumung; Netzwerk der unterschiedlichsten Biotopelemente auf kleinstem Raum; Beispiel: in der Silhouette stufige und in der Flanke buchtige Feldhecke trennt Wiese vom Acker und verbindet den Wald mit Bach und Feldscheune

Grundgesetz

- Von Umweltzerstörern und Krisengewinnlern gern gegrüßter Geßlerhut (Männer verneigen sich, Frauen machen einen Knicks), der infolge seiner praktischen Dehnbarkeit problemlos auch schwersten Umweltzerstörungen legitimierend übergestülpt werden kann; Beispiele: Rhein-Main-Donau-Kanal, Startbahn West usw; läßt beispielsweise auch zu, daß der soziale Friede durch die legale (!) Ausbeutung über den Zins gefährdet wird; könnte durch wenige Korrekturen zum Segen der Allgemeinheit in eines der besten Grundgesetze der Welt verwandelt werden

Grundgesetzänderung

- Heilige Kuh, die nur dann problemlos geschlachtet werden kann, wenn sich z.B. eine besonders freche Diätenerhöhung anderweitig gar nicht durchsetzen ließe

Heckenfeuchtstelle

- In der Hecke verborgene Wasserstelle, die von den Tieren als Tränke und Badeplatz genutzt werden kann; wird mit Regenwasser gespeist und sollte so angelegt werden, daß sie auch bei Trockenheit wasserführend ist

Heckenkompost

- Haufenkompost in der Hecke, der die Mahd der Saumzone entsorgt; Trittsteinbiotop für u.a. Igel, Fuchs und Dachs

Hochbiotop

- Von zahlreichen Tierarten gern genutzter Lebensraum, der mit Geißblatt, Waldrebe und Efeu im Wipfelbereich alter Bäume in der Hecke und am Waldrand eingerichtet werden kann

Holzrotte

- Platz in der Hecke und am Waldrand, auf dem über einen sehr langen Zeitraum hinweg aufgetürmte Baumstubben oder sonst nicht zu verwertendes Holz (verrutschsicher gestapelt) verrotten kann; Trittsteinbiotop für u.a. Igel, Dachs und Grünspecht

Informationsinzucht

- Mögliche Folge der Überfütterung mit Fachliteratur, die durch Literaturhinweise zu einer Kettenreaktion des »weiterführenden« Lesens verleitet und die Zeit für eigenes Denken und Handeln ungünstigenfalls bis auf den Faktor Null reduziert; stark verbreitetes Leiden, leider auch unter Umweltschützern

Knick

- In Schleswig-Holstein Bezeichnung für eine Wallhecke, die früher durch das Knicken der Zweige winddicht und für das Vieh undruchdringlich gemacht wurde

Krauthecke

- Entwicklungsstufe, die der Benjeshecke schon im ersten, spätestens jedoch im zweiten Jahr folgt; Vorstufe der Feldhecke; Insekten-, Schmetterlings- und Vogelparadies

Landwirtschaftsklausel

- Unikum und Idiotikum bundesdeutscher Naturschutzgesetzgebung, derzufolge alles, was der Landwirtschaft nützt, auch dem Naturschutz dient; haarsträubendster Kniefall des Gesetzgebers vor den Interessen der Bauernverbände und deren größter Erfolg; siehe Artenrückgang

Maschendrahthose

- Einzelstammschutz gegen Verbißschäden durch Kaninchen, Hasen und Rehe

Massentierhaltung

- Kulturschande der Industrieländer; gesetzlich zulässige Form der Tierquälerei; Ausdruck der Verrohung des Menschen; sichtbarer Mangel des Mitgefühls für Tiere; leidtragend sind hauptsächlich Hühner, Schweine, Kälber (Dunkelstallboxenhaltung) und Rinder; wird vom Konsumenten durch undifferenzierten und bedenkenlosen Fleischverzehr zum Schaden seiner eigenen Gesundheit massiv unterstützt; wird im Ökolandbau durch artgerechte Haltung ersetzt

Massentourismus

- Das Geschäft mit der Reiselust unkritischer Urlauber auf Kosten der Umwelt anderer Länder

Mitschuld

- Problem, das auch Umweltschützer in eine unerträgliche Konfliktsituation bringt; kann durch Aktionismus im Naturschutz vorübergehend gemildert werden; verliert bei Eintritt der mitverschuldeten Rettungslosigkeit ihr moralisches Gewicht, da eine Schuld ohne Schuldzuweisung nicht mehr existent sein würde (überlebende Pflanzen und Tiere sind gnädig)

Mollison, Bill

- australischer Ökologe, der für seine wegweisenden Überlebensstrategien mit dem Alternativen Nobelpreis ausgezeichnet wurde; siehe Permakultur

Mulch

- Organische Substanz, z.B. Laub, Heu oder Stroh, zum Bedecken der nackten Erde; steigert die Bodenfruchtbarkeit durch Optimierung des Bodenlebens; bewahrt die Bodenfeuchtigkeit und verhindert Austrockung und Erosion

Mulm

- verrottetes Holz; übt auf viele Insekten, Grünspecht und Dachs eine geradezu magnetische Wirkung aus

NWO

- Natürliche Wirtschaftsordnung; von Silvio Gesell entwickelte Alternative zur heutigen Zinswirtschaft; siehe Zinswirtschaft

Ökolandbau

- Sammelbegriff für die verschiedendsten Formen und Richtungen im Alternativen Landbau; sichert durch den konsequenten und garantierten Verzicht auf Mineraldünger (Kunstdünger), Gülle und Gift sowie durch eine naturgemäße Bodenpflege die Dauerfruchtbarkeit der Böden

Ökologischer Knotenpunkt

- Vernetzungsstruktur; bedeutender Lebensraum, der von mindestens drei Hecken mit anderen Biotopen vernetzt ist

Ökologischer Notstand

- Inzwischen eingetretene Situation der Arten- und Lebensraumvernichtung, die eine verantwortungsbewußte Regierung dazu veranlassen müßte, durch drakonische Maßnahmen die Gesundheit, das Leben und das Überleben der Bevölkerung etwas höher zu bewerten als das unbeirrbare Festhalten an Wachstumszwang und Zinswirtschaft

Ökoperversikum

- das, des Ökoperversikums, die Ökoperversiken; notwendig gewordene Wortschöpfung (1991), die dem Umstand Rechnung trägt, daß die politisch inszenierte Staatsgewalt gegen Mensch und Natur und die Schafsgeduld der Bevölkerungsmehrheit mit dem verfügbaren Wortschatz der deutschen Sprache nicht mehr erfaßt werden konnte

Permakultur

- Leben im Einklang mit der Natur; eine von Bill Mollison aus dem Ökolandbau weiterentwickelte Lebens- und Überlebensform

Pflanzengebirge

- Baumreihe oder Gerüstkonstruktion, die einer vorgelagerten Hecke durch zusammenhängende Hochbiotope eine zusätzliche Etage aufsetzt; Windschutzbarriere, Staubfang für Steinbrüche und Mülldeponien (in Kombination mit künstlichem Wassernebel auch geruchsdezimierend)

Pflegelücke

- 20 m langer Abschnitt in der Hecke, der durch einen Rückschnitt (ca. 20 cm über dem Boden) vorübergehend freigestellt wird

Plenterpflege

- **a)** in der Heckenpflege die Entnahme einzelner Sträucher oder sogar nur die Entnahme eines Teiles derselben: Ein aus zwölf Hauptästen bestehender Haselnußstrauch verliert beispielsweise jedes Jahr vier Äste und ist damit nach drei Jahren „durchgepflegt“
  b) an der Straßenhecke die Entnahme aller baumähnlichen (gefährlichen) Teile der Hecke, um die rettende Elastizität bzw. das Auffangpotential der Hecke auf Dauer zu erhalten (siehe Abb. Seite 109)
  c) in der Waldrandgestaltung das Fällen einzelner Bäume, um durch Lichteinfall das Aufkommen der Sträucher und Kräuter zu begünstigen. Unterbleibt die Plenterpflege (wie üblich), wird jeder Waldrand durch die Walddynamik allmählich zerstört und verkommt schließlich zur Waldkante

Pflugwenderecht

- Das Recht eines Bauern, den Acker des Nachbarn bei einem Wendemanöver kurzzeitig zu überqueren; muß auch bei der Anlage von Hecken berücksichtigt werden

»Point of no return«

- Zeitpunkt des Eintritts der Rettungslosigkeit des Menschen als Art; nach übereinstimmender Meinung zahlreicher Ökologen unmittelbar bevorstehend, wenn nicht schon erreicht; wird wahrscheinlich in absehbarer Zeit den von der Kühnheit getragenen Rückgriff auf die eigentlich unantastbaren Reserven der Verzweiflung mobiliseren; siehe ökologischer Notstand

Rote Liste

- Aufzählung der verschollenen, ausgestorbenen, ausgerotteten und von der Ausrottung mehr oder weniger bedrohten Tier- und Pflanzenarten; siehe Artenrückgang

Saumzone

- Wildkräuterstreifen beiderseits der Hecke; dem Waldrand vorgelagert und die Feldholzinsel umschließend; wichtige Bienenweide, Wildäsungsfläche; Insekten-, Schmetterlings- und Bodenbrüterparadies

Saumzonenpflegekonzept

- Nutzt das enorme ökologische Potential der Saumzonen an Hecken und Waldrändern durch abschnittweises Mähen zu unterschiedlichen Zeiten in vier verschiedenen Pflegeintervallen

Schafstrift

- Gelegentlich noch vorkommende Streckenführung in der Kulturlandschaft, entlang der Schafherden geführt werden dürfen; ist ggf. bei der Anlage von Benjeshecken zu berücksichtigen (wenigstens Spanndrahtschutz)

Selbstheilungskräfte der Natur

- Hoffnungsträger und Selbstbetrug einer kurzsichtigen Politik, die immer noch davon ausgeht, daß die Natur als billiger Produktionsfaktor kosten- und folgenlos ausgeschlachtet werden kann; schlimmstes Beispiel: die Nutzung der Atemluft als Deponie für krebserregende Abgase und schwachradioaktive Strahlung

Sonderbiotope

- Trittsteinbiotope in Hecke und Waldrand, die den Tieren Unterschlupf, Nahrung oder Wasser bieten und dadurch einen günstigen Einfluß auf das Artenspektrum haben

Stangenwald

- Von Hermann Löns stammende Bezeichnung für Fichtenmonokulturen: »Willst du einen Wald vernichten, pflanze Fichten, Fichten Fichten!«

Staudruckzone

- Stabiles Luftpolster in einer Heckenbucht, das vom Wind nicht so leicht verwirbelt werden kann; wichtiges Refugium für Schmetterlinge; Tageswildeinstand

Stufigkeit

- Anzustrebende Form der Hecken- und Waldrandsilhouette; wird erzielt durch unterschiedlich hohe Sträucher und Bäume sowie durch eine - die Stufigkeit fördernde - Heckenpflege; von großer ökologischer, klimatischer und landschaftsästhetischer Bedeutung

Tabuzone

- Bereich an der Hecke, der zum Schutze brütender Vögel in Ruhe gelassen werden sollte

Tageswildeinstand

- Sonnige und windgeschützte Stellen in der Landschaft, die den Tieren auch tagsüber und außerhalb des Waldes ein sicheres Versteck bieten; kann durch die Buchtigkeit der Heckenflanke und eine zielgerichtete Heckenpflege bereitgestellt werden

Totholz

- Gestrüpp der Benjeshecke ab dem zweiten Jahr bis zu seiner völligen Verpilzung und Verrottung; wird von zahlreichen Insekten angebohrt und besiedelt; Weidengestrüpp mit Bodenkontakt bildet gelegentlich eine Ausnahme

verhecken

- Verb, das die Tätigkeit des Heckengärtners bei der Anlage einer Benjeshecke bezeichnet

Wachstum

- Eines der größten Wunder der Schöpfung; wird auf natürliche Weise begrenzt und hört z.B. bei Kindern nach etwa zwanzig Jahren auf

Wachstumszwang

- Eigenartige Folge der Überverschuldung des Staates, der Städte, Gemeinden und der Wirtschaft. Da diese Schulden nichts anderes sind als Guthaben (also Ansprüche) der Wohlhabenden und Superreichen an das Buttosozialprodukt und diese Guthaben nicht nur zurückgezahlt (was problemlos möglich wäre), sondern zusätzlich auch mit Zinsen »bedient« werden müssen (1996 immerhin 900 Millionen DM pro Tag), entsteht der Zwang, diese Zinslast durch zusätzliche Arbeitsleistungen (Arbeiter), größere Produktion (Unternehmer) und höhere Steuern (Staat) aufzubringen, um so die legalen (!) Zinsansprüche der Wohlhabenden pünktlich bedienen zu können

Walddynamik

- das Vordringen der Waldbaumarten auf Kosten der Sträucher (Waldrand verkommt zur Waldkante); siehe Plenterpflege

Waldkante

- der brutale und häßliche Übergang von der Horizontalen (der Landwirtschaft) zur Vertikalen (der Forstwirtschaft); wird in Deutschland auch von „Fachleuten" traditionell mit dem Waldrand verwechselt oder ignoriert

Waldrand

- zehn bis dreißig Meter breiter Strauchgürtel, der dem Walde wie eine besonders schöne Hecke vorgelagert ist und den Wald in voller Länge umschließt; Lebensraum für ca. 60 % aller Tierarten des Waldes; zweitgrößtes (und weitgehend ungenutztes!) Artenschutzpotential neben der Hecke

Wildblumensamen

- aus biologischem Anbau sind erhältlich bei Aktion Wildpflanzen, c/o Syringa-Versand, Postfach 1203 in 78241 Gottmadingen

Wirtschaftswachstum

- In der Zinswirtschaft selbst dann notwendig, wenn die Ansprüche der Bevölkerung weitgehend befriedigt sind (alle haben z.B. Möbel, Autos, Kleider usw.). Man geht dann einfach von der Bedarfsdeckung zur Bedarfsweckung über, tauscht also lediglich einen Buchstaben aus. Diese künstlich angeheizte Nachfrage ist in der Zinswirtschaft notwendig, um den Schuldendienst finanzieren zu können. In einer vom Zins befreiten Gesellschaft (soziale und ökologische Marktwirtschaft) könnte auf diese Form des Wahnsinns und der Umweltzerstörung ohne Schaden für den sozialen Frieden verzichtet werden; siehe NWO und Benjes: „Wer hat Angst vor Silvio Gesell?“ in der Literaturliste

Zins

- Knappheitspreis des Geldes; kann durch künstliche Verknappung (grundgesetzlich zulässige Form der Manipulation zum Schaden der Bevölkerungsmehrheit) ständig daran gehindert werden, auf 0 % zu sinken, was möglich und zu erwarten wäre, wenn auch das Geld dem Gesetz von Angebot und Nachfrage ehrlich, also manipulationsfrei, ausgeliefert würde

Zinswirtschaft

- Wirtschaftsform, in der mit Geld Geld verdient werden kann, indem das Geld durch eine manipulierte Verknappung (und wegen eines abstellbaren (!) Webfehlers im heutigen Geldsystem) dem gerechten Gesetz von Angebot und Nachfrage entzogen wird; führt mittelfristig zu Massenarbeitslosigkeit und langfristig zu Unruhen und Krieg

Literatur

Aichele, Dietmar: Was blüht denn da? Kosmos 1980
Almon, G./Görtz H./Schwarz, R.: Arbeitsanleitung für die Anlage von Feldgehölzen, Streuobstflächen, Gras- und Krautflächen, Feuchtflächen. Hess. Minister f. Landesentwicklung, Umwelt, Landwirtschaft u. Forsten
Alt, Franz: Schilfgras statt Atom. Piper 1992
Alt, Franz: Das ökologische Wirtschaftwunder. Aufbau 1997
Aniansson, Britt: Biologisk mangfald. Svenska Naturskyddsföreningen 1991
Arbeitskreis Forstliche Landespflege: Biotop-Pflege im Wald. Kilda 1984
Aubert, Claude: Organischer Landbau. Ulmer 1981
Beck, Ulrich: Risikogesellschaft. Suhrkamp 1986
Beckmann, Robert: Die Hausschutzhecken im Monschauer Land. Ferd. Dümmlers Verlag 1982
Beningfield, Gordon: Bilder einer Landschaft. Urachhaus 1981
Benjes, Heinrich: Hinweise zur Anlage einer Benjeshecke. 1992
Benjes, Heinrich: Hein Botterblooms heilsames Durcheinander. Selbstverlag, Auf dem Brande 13, D-27367 Hellwege, 1992
Benjes, Hermann: Feldhecken. Natur & Umwelt 1986
Benjes, Hermann: Wer hat Angst vor Silvio Gesell? Selbstverlag, Darmstädter Str. 21, D-64404 Bickenbach, 3. Aufl. 1997
Benjes, Hermann: Armut ist heilbar. Vortrag, Silvio Gesell Tagungsstätte, '95
Benjes, Hermann: Scheuklappen aus feinstem Leder. DER 3. WEG, 1/1996
Benjes, Hermann: Skandalöse Katastrophen. DER 3. WEG 7/8 1997
Benjes, Hermann: Silvio Gesell in Schweden. DER 3. Weg 9/1997
Benjes, Hermann: Das Ei des Columbus? Der 3. WEG 10/1997
Berger, Hans-Joachim/Guba, Eberhardt: Erfahrungen mit der Anlage von Benjeshecken. Naturschutz u. Landschaftsplanung 4/1994
Bier, August: Der Wald in Sauen. Sonderdruck, Hippokrates Verlag 1933
Bischoff, Reiner: „Zukunftsfähiges Deutschland" ohne zukunftsfähiges Geld? DER 3. WEG, Rappenbergstraße 64, 91757 Treuchtlingen, Sonderdruck 4/96
Blab, Josef/Kudrna, Otokar: Hilfsprogramm für Schmetterlinge. Kilda 1982
Blab, Josef u.a.: Aktion Schmetterling. Otto Maier Verlag 1987
Bode, Wilhelm/Hohnhorst, Martin von: Waldwende. C.H. Beck 1995
Brandt, Herwig: Mehr Bäume! Natur & Umwelt Verlag, Bonn 1998
Bruker, Max Otto: Unsere Nahrung unser Schicksal. emu-Verlag 1988
Brüll, Heinz u.a.: Die Waldhühner. Verlag Paul Parey 1977
BUND u. Misereor: Zukunftsfähiges Deutschland. Birkhäuser 1996
Carson, Rachel: Der Stumme Frühling. Biederstein 1962
Coombes, Allen J.: Laub- und Nadelbäume. Ravensburger 1994
Creutz, Helmut: Das Geldsyndrom. Ullstein 1994

Creutz, Helmut: Wir brauchen ein anderes Steuersystem. Monheimsallee 99, 52062 Aachen, Selbstverlag 1996
Creutz, Helmut: Wachstum bis die Umwelt stirbt? DER 3. WEG, Sonderdruck 4
Danner, Walter/Winkler, Franz: Hecken in der Landwirtschaft. Selbstverlag, Haberskirchner Str. 16, 8384 Ruhstorf/Simbach
Dressel, Daniela: Benjeshecken. Facharbeit, Gymnasium Coburg 1996
Drews, Karin: Hecken – schnelle Hilfe für die Natur. NABU-Faltblatt 1990
Ekstam, Urban u.a.: Ängar. LTs förlag Stockholm 1988
Freistaat Bayern: Naturnahe Hecken. Materialien 33/1995
Freistaat Sachsen: Umweltgerechte Landwirtschaft. Förderprogramm 1995
Freistaat Sachsen: Schutzpflanzungen im ländlichen Raum. 1996
Fukuoka, Masanobu: Der große Weg hat kein Tor. Pala-Verlag 1975
George, Susan: Der Schuldenbumerang. Rowohlt 1993
Gesell, Silvio: Die Natürliche Wirtschaftsordnung. R. Zitzmann-Verlag 1984
Giono, Jean: Der Mann mit den Bäumen. Theologischer Verlag, Zürich 1989
Granstedt, Artur: Framtidens jordbruk. Svenska Naturskyddsföreningen 1990
Graulich, Rudolf: Feldholzinseln. Landesjagdverband Hessen 1980
Greger, Ottomar: 125. Geburtstag von August Bier, dem Chirurg und Waldarzt. Selbstverlag, Zum hohen Brunnen 1, 37075 Göttingen, 1986
Gümbel, Dietrich: Aromatische Pflanzenpflege. Mosaik Verlag 1993
Hagen, Eberhard von: Hummeln. Verlag J. Neumann 1986
Hänel, Gottfried: Die Hecke – die kleine Schwester des Waldes. Vlg R. Mack 1982
Hansen, Elvig: Entlang der Hecke. Arena Verlag 1979
Hellberg, Manfred: Feldgehölz-Pflanzungen in Korntal-Münchingen 1992
Holzer, Frank: Die Benjes-Hecke. Diplomarbeit. FH Osnabrück 1993
Jedicke, Eckhard: Biotopverbund. E. Ulmer Verlag 1990
Kapfelsperger, Eva/Pollmer, Udo: Iß und stirb. dtv 1986
Kelle, August: Wiese und Hecke im Jahreslauf. Dümmlers Verlag 1960
Klingholz, Reiner: Wahnsinn Wachstum – Wieviel Mensch erträgt die Erde? Gruner + Jahr 1994
Krauth, Wanda/Lünzer, Immo: Öko-Landbau und Welthunger. Rowohlt 1982
Lakotta, Beate: Die Maus dankt. Hermann Benjes hat in Deutschland 1.000 km Feldhecken pflanzen lassen. SPIEGELspecial 2/1995
Landkreis Friesland: Heimische Bäume u. Sträucher für Geest, Marsch u. Moor
Landkreis Rotenburg (Wümme): Anlage von Hecken u. Feldgehölzen. 1989
Laux, Hans E.: Wildbeeren und Wildfrüchte. Kosmos 1982
Lengerke, Alexander von: Anleitung zur Anlage, Pflege und Benutzung von lebendigen Hecken. Verlag von I. Neumann 1845 (!)
Lieckfeld, Claus-Peter/Reinartz, Dirk: Hermann Benjes. natur 10/1994
Lohmann, Michael: Wir tun was für Hecken und Feldgehölze. Kosmos 1991
Löns, Hermann: Grün ist die Heide. Mosaik Verlag 1960
Mader, H.-J.: Die Verinselung der Landschaft und die Notwendigkeit von Biotopvernetzungssystemen. LÖLF-Mitteilungen, 4, 6-14, 1985

Mann, Hans: Deutschland in seinen natürlichen Landschaften. Dümmlers Verlag 1953
Metternich, A.: Die Wüste droht. F. Trüjen Verlag 1947
Mitzka, Axel: Benjeshecken im Naturpark Dübener Heide. Diplomarbeit 1995
Möller, Alfred: Der Dauerwaldgedanke. E. Degreif Verlag 1992
Mollison, Bill/Holmgren, Dave: Permakultur – Landwirtschaft in Harmonie mit der Natur. Pala Verlag 1978
Müller, Andreas: Wirkung von Standortfaktoren auf die Entwicklung von Pflanzenbeständen am Beispiel der Benjeshecke. Diplomarbeit 1991
Müller, Georg: Wallhecken. BSH-Verlag 1989
Nearing, Helen und Scott: Ein gutes Leben leben. Pala Verlag 1981
Popp, Dieter u.a.: Rettet die Bäche. Natur & Umwelt- Verlag 1988
Preuschen, Gerhard: Umstellung auf ökologischen Landbau. Stiftung ökologischer Landbau 1983
Priebe, Hermann: Die subventionierte Unvernunft. Siedler-Verlag 1985
Quartier, Archibald: Bäume und Sträucher. BLV-Verlag 1978
Riehter, Wolfgang: Hecken und Feldgehölze im Landkreis Annaberg. Naturschutzzentrum Annaberg 1991
Roese, Anja: Lebensraum Feld. Staatl. Naturhist. Museum Braunschweig 1992
Röser, Bernd: Saum- und Kleinbiotope. ecomed-Verlag 1988
Rotter, Margret/Kneitz, Gerhard: Die Fauna der Hecken und Feldgehölze u. ihre Beziehungen zur umgebenden Agrarlandschaft. Verlag Waldhygiene 1977
Sauer, Frieder/Wunderlich, Jörg: Die schönsten Spinnen Europas. Fauna-Verlag 1991
Scheerer, Gerhard: Fruchttragende Hecken. Siebeneicher Verlag 1980
Schmelzer, Brigitte/Bezzenberger, Angela: Landschaft als Lebensraum. Umweltministerium Baden-Württemberg 1985
Schmidt, Werner: Beitrag der Vögel in Hecken. Diplomarbeit. Uni Hannover 1983
Schmitt, Cornel: Die Hecke. Quelle & Meyer Verlag 1936
Streeter, David u.a.: Hecken – Lebensadern der Landschaft. Gerstenberg Vlg. 1985
Thomas, Eric/White, John T.: Die Hecke. Gerstenberg Verlag 1982
Tordjmann, Nathalie/Perols, Sylvaine: Leben in der Hecke. Otto Maier 1990
Treuenfels, Carl-Albrecht von: Für unsere Natur. Rasch u. Röhring 1986
Vester, Frederic: Unsere Welt – ein vernetztes System. dtv 1983
Vogtmann, Hartmut/Boehncke, Engelhard/Fricke, Inka: Öko-Landbau - eine weltweite Notwendigkeit. Verlag C.F. Müller 1986
Witt, Reinhard: Wildsträucher in Natur und Garten. Kosmos 1990
Witt, Reinhard/Dittrich, Bernd: Blumenwiesen – Anlage u. Pflege. BLV 1996
Witt, Reinhard: Wildpflanzen – Anzucht, Pflanzung, Pflege. BLV 1994
Wolf, Siegbert: Silvio Gesell – Einführung in Leben und Werk. Gauke 1992
Zucci, Herbert: Wiese. Otto Maier 1988

Wildblumensamen aus dem BUNDladen

Bestellung per Telefon (02 28) 46 42 71

Heimisches Saatgut aus kontrolliertem, biologischen Anbau in Deutschland. Praxiserprobte Mischung. Ihre schriftliche Bestellung richten Sie bitte an den BUNDladen, 53222 Bonn. Bitte Absender nicht vergessen!

BUNDladen 1997

... für Schmetterlinge
Bildschöne heimische Wildblumen. Nahrungspflanzen speziell für Schmetterlinge und ihre Raupen. Reicht für 10–15 qm.
Best.Nr. 22000 **15,90 DM**

... für Bienen
Attraktive heimische Wildblumen. Nahrungspflanzen speziell für bedrohte Wildbienen. Reicht für 10–15 qm.
Best.Nr. 22001 **15,90 DM**

... für Hummeln
Farbenprächtige heimische Wildblumen. Nahrungspflanzen speziell für Hummeln. Reicht für 10–15 qm.
Best.Nr. 22002 **15,90 DM**

... für halbschattige Plätze
Unter Bäumen, am Wald, hinter Hecken und Häusern. Ökologische Aufwertung von Problemstellen. Reicht für 30–40 qm Blumenwiese.
Best.Nr. 22004 **38,40 DM**

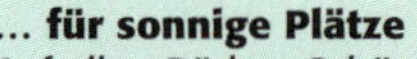

... für sonnige Plätze
Auf allen Böden. Schön wie in der Natur. Blütenfülle für die ganze Saison. Reicht für 25–35 qm Blumenwiese.
Best. Nr. 22003 **38,40 DM**

Schöne Bücher aus dem BUNDladen

Bestellung per Telefon (02 28) 46 42 71

Ihre schriftliche Bestellung richten Sie an den BUNDladen, 53222 Bonn. Mit Ihrer Bestellung unterstützen Sie die Arbeit des Bund für Umwelt und Naturschutz Deutschland (BUND). Fordern Sie unseren Gesamtkatalog an. In ihm finden Sie weitere Informationen rund um den Naturschutz.

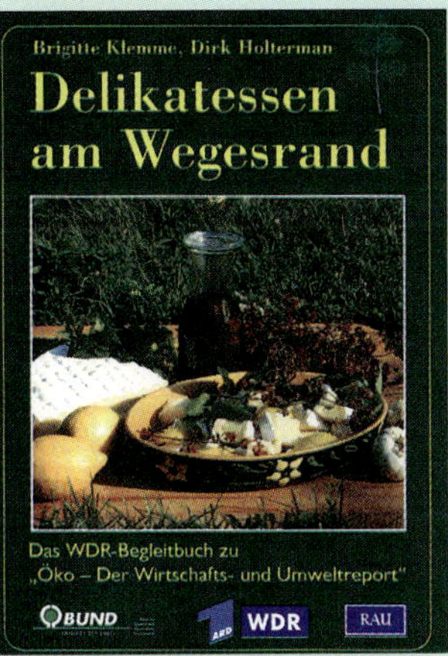

Delikatessen am Wegesrand
Wo Sie die Wildkräuter finden und wie Sie sie erkennen. Mit raffinierten Rezepten. B. Klemme, D. Holtermann, 136 S.
Best.Nr. 39083 **18,00 DM**

Unkräuter zum Genießen
»Un-Kräuter« zum genießen, die richtige und gesunde Alternative, um sich und seine Gäste zu verwöhnen, 140 S.
Best.Nr. 39099 **18,00 DM**

Gehölze vermehren!
Geballtes Wissen über die Vermehrung von heimischen Bäumen, Sträuchern und Kletterpflanzen nach ökologischen Gesichtspunkten v. Dr. Herwig Brandt, ca. 208 S.
Best.Nr. 39151 ca. **32,80 DM**

Rettet die Bäche
Das Buch beschreibt den faszinierenden Lebensraum der Bäche. Niemeyer-Lüllwitz, Popp, Winkler, Zucchi, 272 S., zahlreiche Bilder.
Best.Nr. 39009 **28,80 DM**

Die Quellschutzmappe
wendet sich an Leiter von Kindergruppen und eignet sich hervorragend zu einer ganzheitlichen Betrachtungsweise des Umweltschutzes am Beispiel von Quellen (Wandertag, Schülerbögen, Theaterstück, Lieder, Spiele, Zeichnungen).
Best.Nr. 17019 **29,90 DM**